추천사

댄 케네디는 우리의 비밀이다. 그는 20년 넘게 우리의 비즈니스에 다양한 방식으로 좋은 영향을 미쳤다. 우리는 그에게 의지한다. 그는 이 책에서 겸손과 흥분을 동시에 불러오는 비즈니스 사고의 효율성과 실용성을 보여준다. 댄 케네디가 그토록 오랜 세월 동안 우리에게 가르쳐준 다이렉트 마케팅의 원칙을 더욱 강조하는, 비즈니스의 성공을 위한 필독서이자 도저히 내려놓을 수 없는 책이다.

− 그렉 렌커, 거시−렌커 코포레이션 공동 설립자

거시−렌커 코포레이션은 프로액티브, 크레이프 이레이즈를 포함해 수십억 달러짜리 브랜드를 만들어낸 기업이다.

내 경쟁자들이 이 책에 담긴 통찰과 정보를 활용할 것을 생각하면 오싹하다! 하지만 이런 전략이 절실히 필요한 비즈니스 지도자들은 이런 책을 거의 읽지 않는다는 것을 알기 때문에 조금 마음이 놓인다. 가장 강력한 직접반응 마케팅 전략의 대가이며, 이론이 아니라 지극히 구체적이고 실행 가능한 방식으로 자신의 지식을 가르칠 줄 아는 댄 케네디가 또 한 권의 눈이 번쩍 뜨일 만한 책을 내놓았다.

− 더스틴 버롤슨 박사, BurlesonSeminars.com

버롤슨 박사는 5가지 성공적인 치과 교정술과 전문 출판사를 만들었으며, 1000가지가 넘는 기법을 교육하고 컨설팅했다.

댄 케네디는 20년 넘게 내 비즈니스의 비밀 병기였다. 그의 천재적인 인도 덕분에 나는 여섯 자리 숫자의 부채를 극복하고 꽤 큰 규모의 글로벌 비즈니스를 일궈냈다. 나는 유형과 규모를 가리지 않는 수많은 다른 기업들도 그의 전략을 활용해 성공을 거두는 모습을 보며 자부심을 느낀다. 이런 변화는 외부인의 눈에 마치 마술처럼 보인다. 그러나 모든 마술에는 보이지 않는 구조가 숨어 있고, 댄 케네디는 이 책에서 그 구조를 드러내 보여준다.

– 크리스 카델, CardellMedia.com

크리스는 영국과 유럽에서 구글, 페이스북, 그 밖의 소셜 미디어를 이용한 온라인 마케팅 분야에서 가장 대표적인 권위자다. 그의 회사는 중소 규모의 비즈니스를 위해 온라인 마케팅 시스템, 온라인 광고 지출과 트래픽 생성을 관리한다. 비즈니스 컨설턴트, 여러 기업가의 개인 코치로 활동하기도 한다.

평생 몸 바친 사업체를 팔고 나가는 수천 명의 비즈니스 소유자와 함께 일해본 나는, 이윤을 많이 내는 기업일수록 높은 가격에 팔린다고 단언한다. 댄 케네디가 이 책에서 말한 이윤에 관한 이야기는 모두 정확하고 귀담아들을 가치가 있다. 재무 효율성이 취약한 비즈니스가 많은데, 이 책은 그런 상황을 바꿔놓을 수 있다.

– 테드 오룰리, OxbowAdvisers.com

테드는 《2000만 달러와 파산》을 비롯한 여러 책을 썼으며, 〈폭스 비즈니스〉와 스튜어트 바니와 닐 카부토의 프로그램에 자주 등장한다. 자기 회사의 웹사이트에 동영상 및 인쇄 매체 플랫폼을 가지고 있기도 하다.

사람들이 나에게 어떻게 파산 직전의 고등학교 낙제생이 부채도 없이 수백만 달러짜리 비즈니스를 이끌며 상위 1퍼센트의 소득을 올리는 CEO가 되었는지를 물을 때마다 나는 댄 케네디의 이름을 일러준다. 나는 그가 만들고, 쓰고, 녹음한 모든 자료를 공부하며 믿을 만한 조언을 찾아낸다. 그는 내 인생에 매우 큰 영향을 미친 결정적인 인물 가운데 한 명이다. 이 책은 뛰어난 통찰로 가득하며, 모든 기업가와 CEO가 놓쳐서는 안 될 필독서다.

– 로빈 로빈스, TechnologyMarketingToolkit.com의 CEO

로빈은 기술 분야에서 가장 크고 성공적인 '컨설턴트에게 컨설팅하는' 비즈니스를 만들었고, 최고의 파트너와 스폰서, 전 세계의 컨설턴트들이 그녀의 교육과 코칭과 지원에 의존하고 있으며, 자기 분야의 경계를 넘어 화려한 명성을 쌓아가고 있다.

이 책은 어떤 비즈니스에도 적용할 수 있는 현실 세계의 다이렉트 마케팅에 관한 독특한 견해를 담은 책이다. 이런 책을 쓸 수 있는 사람은 댄 케네디밖에 없다. 요즘처럼 사기꾼이 득실거리는 세상에서, 나는 습관적으로 제일 먼저 댄에게 묻곤 한다. 이 책은 일종의 우화처럼 시작해서, 직무 매뉴얼처럼 이어지다가, 마지막에는 정기적으로 참고해야 할 비즈니스 참고서로 마무리된다. 이 책을 충실히 따르다 보면 누구나 진짜 연금술을 경험하게 된다. 이 책에 실린 통찰은 모든 비즈니스의 돌파구를 열어준다. '보드룸'의 5000만 달러짜리 출판 사업의 성공 비결 역시 이 책에 소개된 보석 가운데 하나에서 비롯되었다. 여러분도 이 책에서 그런 보석을 발견하길 바란다.

– 브라이언 커츠, '다이렉트 마케팅의 거인들' CEO

《광고의 해법》의 저자인 브라이언은 전설적인 메리 에델스턴과 함께 '주방 식탁'에서 보드룸 주식회사를 설립해 그 유명한 《보텀라인》 뉴스레터를 비롯한 세계 최고의 다이렉트 투 컨슈머 서적 및 소식지를 간행하는 기업으로 성장시킨 인물이다. 보드룸을 떠난 뒤에도 그는 여러 기업가와 CEO에게 많은 영향을 미치고 있으며, '다이렉트 마케팅의 거인들'은 혁신적인 비즈니스 아이디어와 폭발적인 성장을 원하는 이들이 반드시 거쳐 가야 할 곳으로 인식되고 있다.

나는 모든 비즈니스에 꼭 필요한 진실을 발견해 직선적으로 명쾌한 개념으로 현실을 분석하는 댄 케네디의 능력에 감탄한다. 그의 접근법은 직접적이다. 그의 아이디어는 논쟁적이다. 고객을 위해 결과를 끌어내는 그의 능력은 누구도 흉내 낼 수 없다.

– 브라이언 트레이시, BrianTracy.com

브라이언은 이 시대 최고의 강연자 겸 저술가이자 사상가이며, 전 세계를 여행하며 비즈니스와 개인의 성공 비결을 밝혀내는 일에 평생을 바친 인물이다.

댄 케네디의 현명하고 직접적이고 강력한 조언은 우리 비즈니스에서 아주 중요한 가치를 갖는다. 우리가 '조앤 리버스 프로덕트'를 처음 설립했을 때부터 그를 만나지 못한 것이 아쉬울 정도다. 그랬더라면 우리의 여정이 훨씬 수월했을 테니까. 나는 그를 만날 때마다 '당신은 천재'라는 말을 되풀이하곤 한다.

– 조앤 리버스

고(故) 조앤 리버스는 당대 최고의 엔터테이너였을 뿐 아니라 뛰어난 기업인이기도 했다. 댄 케네디는 몇몇 프로젝트에서 그녀와 함께 일했으며, 나중에는 친구 사이가 되었다.

…톰 울프의 작품만큼이나 훌륭한 글! 어떻게 아느냐고? 나는 톰 울프의 7500 단어짜리 작품을 출간한 적이 있다.

– 리치 칼가아드, 〈포브스 매거진〉 편집자

그 망할 멍청한 셈법을 당장 때려치워라
1에서 10, 100, 1000을 만드는 비즈니스 연금술의 비밀

초판 1쇄 발행 2021년 9월 24일

지은이 댄 S. 케네디
옮긴이 안종설

펴낸이 김현태
펴낸곳 해의시간
등록 2018년 10월 12일 제2018-000282호
주소 서울시 마포구 잔다리로 62-1, 3층 (04031)
전화 02-704-1250(영업), 02-3273-1334(편집)
팩스 02-719-1258
광고·제휴 문의 creator@chaeksesang.com
이메일 editor@chaeksesang.com
홈페이지 chaeksesang.com
페이스북 /chaeksesang
트위터 @chaeksesang
인스타그램 @chaeksesang
네이버포스트 bkworldpub

ISBN 979-11-5931-680-7 03320

잘못되거나 파손된 책은 구입하신 서점에서 교환해드립니다.
책값은 뒤표지에 있습니다.
해의시간은 책세상의 경제경영·자기계발·에세이 브랜드입니다.

그 망할
멍청한 셈법을
당장 때려치워라

Almost Alchemy

1에서 10, 100, 1000을 만드는
비즈니스 연금술의 비밀

댄 S. 케네디 지음 | 안종설 옮김

해의시간

이것은 1달러짜리 지폐의 한 부분이다

이것이 비즈니스의 핵심을 표현한다. 비즈니스는 돈이 나갔다가 돌아오는 '장치'다. 들어오는 돈이 나가는 돈보다 많으면, 즉 자산이 점점 늘어나 그 가운데 일부가 비즈니스의 소유자와 주주에게 이전될 수 있으면 된다. 이런 행복한 결과가 나타날지 말지, 만약 나타난다면 어느 정도일지는 주로 비즈니스의 운영자가 나가는 돈과 들어오는 돈을 얼마나 효율적으로 관리하는지에 따라 달라진다.

나가는 돈의 대부분이 전서구 역할을 해주면 좋다. 잠깐 나갔다가 살이 쪄서 돌아온다. 1달러가 나가서 1.3달러, 1.8달러, 2.2달러, 심지어 22달러가 되어 돌아온다. 그러면 이 돈을 다시 1달러 단위로 나누어서 창밖으로 날리고, 이 1달러들이 또 살이 쪄서 돌아온다. 이런 과정이 되풀이된다. 이것이 '직접반응 광고Direct-Response Advertising'이고 '다이렉트 마케팅Direct Marketing'이며, 바로 내가 하는 일이다.

(이것을 아주 게으르고 신뢰할 수 없으며 부양비가 많이 드는 비둘기인 보통의 광고나 마케팅과 혼동하면 곤란하다.)

때로는 1달러짜리 지폐가 일을 나가기 전에 한없이 쪼그라드는 안타까운 경우도 생긴다. 임무 수행에 나설 달러가 수많은 종류의 무지와 아둔함, 부정으로 인해 70센트, 60센트, 40센트로 쪼그라드는 경우다. 지금도 많은 비즈니스에서 이런 비극이 벌어지고 있다. 여러분은 이 책을 통해 자신의 경우는 어떤지를 확인할 수 있다.

반대로 일을 나가기 전에 마치 '마법'처럼 1달러가 1.1달러, 1.3달러, 2달러로 불어나기도 한다. 이런 돈은 훨씬 더 튼튼하고 강력하고 효과적인 전서구다. 임무 수행에 나설 달러가 아주 다양한 종류의 노하우와 창의성과 현명함을 발휘하여 몸집을 불린다. 이 흥미로운 연금술은 모든 비즈니스에 적용될 수 있다.

이 책에 그 비결이 담겨 있다.

차례

필독 – 들어가는 글 009

01 돈과 로맨틱하고 진지한 관계를 맺어라　　　019

02 손실 방지가 곧 돈이다　　　035

03 핵심을 실행하라　　　049

04 팔로업 마케팅에 목숨을 걸어라　　　063

05 위로, 위로, 위로, 우리는 위로 간다!　　　089

06 가격의 굴레를 벗어던져라　　105

07 장소 전략의 힘　　115

08 당신이 기록해야 할 유일한 점수는 세일즈다　　139

09 자기 돈의 평가절하를 중단하라　　149

10 엉뚱한 곳에서 답을 찾지 말아라　　173

부록 – 댄 S. 케네디의 돈 찾기 지도　183

요약 – 역동적 재무 효율성과 전략　193

일러두기

주는 모두 옮긴이 주다.

들어가는 글

(건너뛰지 마시오)

셈법을 바꾸면
비즈니스가 바뀌고
인생이 바뀐다

———

비즈니스의 지속 가능성과 부의 창출은 브랜드의 정체성이나 강점, 업계에서의 지도력, 제품과 서비스의 우월성이나 총수입의 산물이 아니다. 심지어 순수익의 산물도 아니다. 이런 것들은 지속 가능성이나 부의 창출을 보장하지 못한다.

무엇이 지속 가능성과 부의 창출을 보장하는지를 이야기하기 전에, 비즈니스 소유자가 엉뚱한 곳에 집착하도록 유도하거나 강요하는 요소가 얼마나 많은지 간단히 짚고 넘어가려 한다. 목록을 만들기에는 그 수가 너무 많고 나날이 불어난다. 우리를 엉뚱한 곳으로 몰아가려고 손을 잡은 협잡꾼과 사기꾼, 바람잡이와 얼간이들의 음모가 판을 친다.

좋아요, 조회수, 리트윗 등 돈을 제외한 다른 모든 '새로운 메트릭스*'로 우리의 관심을 유도하는 인터넷, 전자상거래, 소셜 미디어가 문제를 더욱 부추긴다. 이런 것들은 오랜 역사와 전통을 자랑하는 속임수의 최신판일 뿐이다. 광고주는 오래전부터 눈과 귀의 숫자, 즉 구독자와 청취자의 수를 따지도록 훈련되었다. 인쇄 매체에서는 2차 독자의 수를 정확하게 헤아리기란 사실상 불가능하다. 미디어와 광고회사, 그리고 이를 둘러싼 이른바 전문가들은 이 분산된 책임을 영업 도구로 활용한 지 오래다.

내가 이 책의 집필을 마무리하는 동안에도 페이스북과 구글, 유튜브와 트위터에서는 이런 속성이 적나라하게 드러났다. 가짜 계정, 가짜 팬과 팔로워, 가짜 조회수가 수두룩하다. 모르는 척 은근슬쩍 넘어가는 사례도 있고, 의도적으로 조작하는 사례도 있다. 어느 쪽이든 광고주는 사기를 당하는 셈이다. 트위터가 가짜 계정을 정리한 지 48시간 만에 케이티 페리**의 팬 280만 명이 사라졌다. 스폰서와 시장이 그녀에게 대가를 지불한 토대가 뿌리째 흔들린 셈이다. 속임수가 적발되면 대기업 광고주들은 미디어와 광고회사에서 비밀리에 리베이트를 받는다. 그러나 대부분의 일반 광고주는 사기를 당했다는 사실조차 알 길이 없다. 눈 뜨고 주머니를 털린 뒤, 어쩌다가 이렇게 말도 안 되는 실망스러운 결과가 나왔는지 의아할 따름이다.

---

* Metrics. 퍼포먼스를 정량화하여 추적하는 마케팅의 측정 도구.
** Katy Perry(1984~). 트위터 팔로워 수 세계 1위를 달리던 미국 가수.

집시, 방랑자, 도둑

나는 광고업계에 발을 들여놓은 첫해부터 '우리'(미디어, 광고회사, 관련 전문가를 모두 포함한다)가 노골적인 범죄 집단은 아니라 해도 고객을 기만하는 거대한 사기에 연루되었음을 깨달았다. 나는 공범이 되고 싶지 않아 직접반응 광고와 다이렉트 마케팅으로 눈을 돌렸다. 그나마 그쪽은 도둑도 최소한의 명예가 무엇인지 아는 동네였다. 팩트, 재무, 투자수익률ROI 책임 등을 완전히 모르는 척하지는 않는다.

나는 46년 동안 영세 기업부터 '포춘 500'에 속하는 대기업에 이르는 모든 규모의 기업에 전략적 광고, 마케팅, 비즈니스 및 금융 자문 역할을 했다. 그러면서 고객에게 광고와 마케팅과 미디어를 제공해 수익을 얻는 거의 모든 사람이 투자수익률의 현실과 관련한 지속적이고 고의적인 오독을 자행하는 현장을 목격했다.

이 책은 난독화와 혼란 대신 진실과 명쾌함을 제시하려는 시도다.

당신은 혼란의 희생자가 된 것에 대해 어느 정도는 보상받을 자격이 있다.

모든 사람이 'x'를 하는 듯이 보일 때, 모든 사람이 당신에게 특정한 방식으로 'x'를 하는 가치를 판단하라고 말할 때, 그리고 당신이 찾거나 소개받거나 당신이 'x'에 관해 보고 들은 것을 검증할 현인이라고 소문난 사람을 만날 때, 양심적인 반대자, 회의주의자, 열외자가 되기란 아주 힘들다. 아마도 러시아 속담이 아닐까 싶은 명언 중에 '오직 죽은 물고기만이 물살을 따라 헤엄친다'라는 말이 있다. 다른 모든 물고기와 반대 방향으로 헤엄치기가 얼마나 어려운지, 이른바 '대세'를 거스르기가 얼마나 어려운지 나보다 잘 아는 사람도 드물 것이다. 내가 평생 해온 일이 그것이기 때문이다. 하지만 어려워서 못한다는 평계가 책임을 면제해주지는 않는다. 사람들이 많이 다니지 않은 길일수록 더 좋은 길이라는 증거가 뚜렷할 때는 더욱 그렇다.

그럼 비즈니스의 지속 가능성과 부의 창출을 보장해줄 가장 중요한 요소는 무엇일까?

답은 **재무의 효율성**이다.

이는 우리가 투자한 마지막 1달러에서까지 최대한의 가치를 뽑아내야 한다는 뜻이다. 그 과정이 신속하고 반복적이면 더 좋다. 이를 정확하게 측정하고 계량하는 방법을 찾아야 한다. 주도면밀하게, 공격적으로, 그것을 개선하고 향상할 방법을 찾아야 한다.

기업은 재무의 효율성을 달성하기 위한 계획을 세워야 하고, 그 계획을 망설임 없이 실행에 옮겨야 한다. **나쁜 셈법을 좋은 셈법으로 바꾸면 모든 면에서 극적인 변화가 일어난다.** 이 책을 통해 나쁜 셈법을 좋은 셈법으로 바꾸는 방법을 찾아내면, 다른 모든 긍정적인 변화는 저절로 따라온다.

잠깐 개인적인 이야기를 덧붙이자면, 나도 한때 완전히 파산해 가난뱅이가 되었던 시절이 있었다. 재기를 위해 몸부림치면서 많은 변화를 시도했지만, 셈법을 바꾸기 전까지는 모든 노력이 허사였다. 셈법을 바꾸고 모든 것이 달라졌다. 내 친구이기도 했던 조앤 리버스*에게서 주머니에 100달러짜리 지폐가 두둑이 들어 있으면 얼굴도 잘

그 망할 멍청한 셈법을 당장 때려치워라

생겨 보이고 노래도 잘 부르게 된다는 이야기를 들은 적이 있다. 하지만 세상 일은 그리 단순하지 않고, 사람들은 그렇게 아둔하지 않다. 하지만 나는 나 자신의 경험을 통해 셈법의 변화가 다른 많은 변화를 끌어내며, 그에 따라 세상이 나를 바라보는 눈과 나를 대하는 태도까지 달라진다는 사실을 안다. 개인적인 차원이든 비즈니스 환경의 차원이든 마찬가지다.

이 책을 통해 재무의 효율성에 익숙해지고 최대한의 재무 효율성을 달성할 방법을 찾고 나면, 어떤 형태로든 당신의 비즈니스와 관계를 맺고 있는 사람 가운데 그 이야기를 하거나 당신에게 생각해보라고 격려하는 이가 아무도 없다는 사실을 깨달을 것이다. 이런 이야기가 모든 사람의 관심을 지배하고, 모든 대화의 시작과 끝을 장식해야 한다. 하지만 족쇄를 차고 재갈이 물린 채 당신의 사무실 한구석에 처박혀 있는 게 현실이다.

여러분에게 그 족쇄를 풀고 가장 중요한 당신 옆자리로 데려와 비즈니스의 부조종사로 삼아야 한다고 말할 사람은 나밖에 없다.

그런 나를 만난 것이 여러분에게는 가장 큰 행운이다!

사실 나는 재무 전문가라기보다 광고인으로 알려진 사람이다. 내 고객은 대부분 광고와 마케팅, 판매 전략 분야의 조언을 구하러 왔다가, 내가 그런 문제를 비즈니스의 재무 효율성과 결부하면 깜짝 놀라는 반응을 보인다. 이 분야와 관련한 학위나 자격증은 없지만, 40년

---

* Joan Rivers(1933~2014), 코미디언 겸 영화배우. 여성 코미디언의 선구자로 알려진 인물이다.

이 넘는 세월 동안 다양한 분야의 크고 작은 수많은 기업에서 백만장자와 억만장자를 길러내는 실적을 쌓았다. 그 결과 'NO B.S.'*는 나의 브랜드가 되었다. 나는 내 광범한 경험을 통해 아마도 당신에게 더 좋은 광고 전략, 더 많은 광고 물량, 혹은 미디어를 동원한 마케팅, 브랜드나 메시지의 개편, 혹은 고객 유치에 도움이 되는 그와 비슷한 무언가가 필요하지 않을 것임을 안다. 적어도 재무 효율성의 맥락에서 분리되지 않은 지금 당장은 아니다. 거의 모든 고객은 외부적인 문제의 해결에 초점을 맞추지만, 나의 집요한 비즈니스 내적 재설계를 벗어나지 못한다.

재무 공학 혹은 재무 재설계는 최대한의 재무 효율성을 달성하기 위해 더하고, 빼고, 모든 것을 재배치하는 예술이요, 과학이요, 프로세스다.

다른 이유가 없다면, 이런 과정을 통해 고객을 확보하고 유지하기 위한 투자에서 경쟁자를 크게 앞지를 수 있다. 고객 한 사람을 확보하고 유지하기 위해 같은 업계의 누구보다 많은 돈을 투자하는 것이 성장의 비밀이다. 물론 그렇다고 파산할 지경이 되어서는 안 된다. 재무 효율성을 갖추지 못한 기업은 절대 그런 전략을 꿈꿀 수 없다. 그들은 상자 속에, 감옥 속에 갇혀 정반대의 방향을 선택함으로써 점점 약해진다. 지출을 최소한으로 줄이려 하고, 고객을 확보하기 위한 가장 값싼 방법에 의존한다. 이는 키 130센티미터, 몸무게는 45킬로그

---

* B.S.는 bullshit의 줄임말이다. 욕설이라기보다 '개소리 마라' 정도의 뜻으로, 저자는 이 시리즈 제목으로 여러 권의 책을 썼다.

램밖에 안 되는 약골이 미식축구 선수가 되려 하는 것과 마찬가지다. 그런 사람이 사슴처럼 날렵하고 암살자만큼이나 냉철한 투쟁심으로 무장한 190센티미터, 150킬로그램의 거구들과 맞선다면, 결과는 뻔하다.

우리는 이 책을 통해 재무 공학과 재무 효율성을 강화할 수 있는 스무 가지 이상의 범주를 살펴보고자 한다. 그러고 나서 처음 언급한 지속 가능성과 부의 창출로 돌아올 것이다. 어쩌면 이것이 이 책 전체를 통틀어 가장 중요한 전략적 조언이자 가장 소화하기 힘든 조언이 될지도 모른다.

이 모든 조언을 당신의 비즈니스에 적용하기는 쉽지 않겠지만, 상당수는 가능하다. 누구나 비즈니스의 지속 가능성, 나아가 그로 인한 부의 창출에 중요한 변화를 일으킬 수 있다.

후자, 즉 부의 창출과 관련해서는 약간의 철학적인 사고가 필요하다. 비즈니스를 시작하거나 매입해서 키워가고 보유하는 행위의 핵심이 바로 부의 창출이다. 아인 랜드*에 익숙한 사람이라면, 이를 가장 실증적인 차원의 아인 랜드주의라고 규정해도 좋다. 비즈니스 소유자는 자기 자신보다 고객과 직원, 공동체에 대한 책임을 먼저 생각하라는 압박을 끊임없이 받는다. 이것을 성인이나 천사, 우리보다 나은 영혼이 만들어낸 도덕적 가르침으로 착각하면 안 된다. 이들이 정

---

* Ayn Rand(1905~1982). 러시아에서 태어났지만 젊어서 미국으로 건너가 소설가, 철학자, 극작가, 시나리오 작가, 수필가로 활동했으며, 소설 《아틀라스》와 《파운틴헤드》를 썼다. 객관주의 철학의 창시자로 유명하다.

치력을 발휘하든 스스로의 질투심과 분노를 가라앉히든, 그들 자신의 이기적인 목적을 달성하기 위한 교활한 조작일 뿐이다. 그들은 나와 마찬가지로(여러분도 그럴지 모르지만) 자기 나름의 방식으로 아인 랜드를 추종하는 자들이다. 그들은 가면을 쓰지만, 나는 그러지 않는다. 여러분은 최대한의 재무 효율성을 요구하고, 그런 목적을 달성하는 데 필요한 모든 재무 공학을 동원하고, 그럼으로써 당신의 비즈니스에서 부를 창출하는 행위에 대해 변명하거나 죄스러운 마음을 느낄 필요가 없다.

나에 대한 저항의 대부분은 무지에 의한 것에 불과하다. 그러나 이것이 자기 이익에 대한 위협을 인식한 것이거나, 자존심에 입은 상처에 대한 반작용으로서의 분노에 기반할 가능성이 크다는 점 또한 알아야 한다. 내가 이 책에 설명한 내용은 대부분 저항을 불러일으킬 것이다. 이것은 오류가 아니라 진실성과 타당성, 중요성을 암시한다. 여기에 반기를 드는 사람이 많을수록 당신은 더욱 자신감을 가져야 한다. 일반 대중, 혹은 특정 업계의 대다수, 전문가 혹은 여타의 기준으로 엮인 집단의 말은 언제나 틀렸다고 봐야 한다. 특히 돈과 성공에 관련해서는 더욱 그렇다.

월트 디즈니는 자신이 새로 내놓은 아이디어를 모든 사람이 마음에 든다고 할 때가 유일하게 '운수 나쁜 날'이라고 했다. 그런 날이면 집으로 돌아가는 발걸음이 무척 무겁다는 이야기였다. 이런 원칙은 합리적인 자기 이익, 권세와 번영의 철학에도 고스란히 적용된다. 주위 사람들이 대부분 내 아이디어를 인정하지 않을수록 좋다. 반대의 경우라면 자신의 아이디어가 형편없다는 사실을 알아차리고 무거운 발걸음으로 퇴근해야 한다.

우리는 오직 하나의 목적으로 이 길을 나섰다. 만약 당신이 소유자, 경영자, 주방장 겸 설거지 담당, 위기를 관리하는 사람, 구명보트를 거부하고 침몰하는 배와 함께 바닷속에 가라앉을 선장이라면, 당신은 비즈니스를 통해 최대한 부자가 되어야 한다. 만약 당신의 사업체가 대기업이라면 당신 곁에는 주주들이 함께할 것이다. 그러나 그 외의 다른 모든 사람, 다른 모든 고려 사항은 당신의 버스 뒷자리에 가만히 앉아 있을 것이다. **이것은 당신의 버스다.**

01

돈과 로맨틱하고
진지한 관계를 맺어라

"돈을 버는 일은 예술이다.
일은 예술이다.
좋은 비즈니스는 최고의 예술이다."

— 앤디 워홀

돈은 움직인다
돈은 합리적이다
돈은 불가지론자다

이런 주제로 이야기를 시작하면 책을 던져 버릴 사람이 있다는 사실을 알지만, 이것은 이 책에서 다룰 모든 이야기의 토대라는 점을 말해두고 싶다. 2장부터는 아주 실증적이고 실용적인 내용을 다룰 것이고, 여기 1장보다는 훨씬 즐겁게 읽을 수 있을 것이다. 여기서는 연금술사의 능력을 갖추기 위해 어떤 사고가 필요한지를 이야기하고자 한다. 무슨 비밀스러운 종교 이야기 같은 느낌이 들지도 모르겠는데, 일단 한 번 들어보시라!

돈은 전적으로 자신의 이익에 따라 움직인다. 언제나 환영받고, 존중받고, 인정받는 곳으로 흘러간다는 뜻이다. 이동성이 강하고 탈출 마술에 능해서 적대적인 환경이나 자신의 존재가 당연한 것으로 치부되는 곳에 오랫동안 붙잡혀 있는 법이 없다.

돈이 뉴저지에서 플로리다로, 캘리포니아에서 텍사스로 흘러가는 이유가 바로 이것이다. 기업이 고객을 잃는 이유, 주주의 관심을 잃는 이유도 다르지 않다. 돈은 늘 이동할 준비가 되어 있다.

돈을 의인화하는 이런 형이상학적인 접근은 기업의 회의실보다는 세도나의 명상 센터 같은 곳과 어울릴 법한 이야기라고 생각하는 이들이 많을 텐데, 사실은 그렇지 않다. 워런 버핏은 찰리 멍거*를 딱 하나의 단어로 표현해 달라는 요구에 '합리적rational'이라는 단어를 선택했다. 하지만 이 고집 센 찰리 멍거조차도 "돈이 자기 자신의 의사 결정 능력을 가지고 있다는 점을 무시하면 안 된다"고 고백한다.

부유한 개인과 천재적인 CEO들은 알고 있지만, 웃음거리가 될까 두려워 말하지 못하는 돈의 비밀
—

'돈의 에너지'라는 것이 있다.

이 에너지에 순응하고 동조하면 강한 힘이 생긴다. 이 에너지와 마찰을 일으키는 행동은 위험하고 파괴적이다.

나는 자수성가한 백만장자, 천문학적인 재력을 가진 억만장자들 주위에서 평생을 살아왔다. 그들이 성공한 이유는 다른 사람들, 일반 대중, 심지어는 학계나 기업계의 전문가들과는 다른 방식으로 돈을 바라보았기 때문이다. 개인적인 차원에서라도 분명히 말해두는데, 그들은 돈을 의인화해서 돈이 자신만의 합리적인 사고방식을 가지고 있으며 그 생각에 따라 행동하는 거의 전능한 힘을 가진다고 믿는다. 여러

---

* Charlie Munger(1924~). 워런 버핏의 동업자이자 버크셔 헤서웨이 부사장이다.

분도 이런 식으로 돈과의 관계를 설정하면, 아주 간단한 방정식을 풀어볼 능력이 생기기 시작한다. 만약 내가 돈이라면, 그래서 이런 말이나 행동을 접한다면, 나는 이 자리에 그냥 머물러 있을까, 다른 곳으로 가고 싶을까? 매력을 느낄까, 아니면 분노와 후회와 반감을 느낄까?

여러분은 지저분한 호텔 방에서 하룻밤을 보내야 할 때 어떤 기분을 느끼는가? 당신이 돈이라면 주방은 불결하고, 테이블은 삐걱대고, 화장실에서는 악취가 나는 레스토랑에 그냥 머물러 있고 싶을까?

돈은 언제나 움직인다. 움직이는 돈의 양은 정말 놀랍다. 돈이 부족하다고 주장하는 사람은 근시안적이다. 흔히 경제가 좋지 않아서 비즈니스가 힘들다고 말하는데, 사실 그들이 말하는 경제는 전반적인 경제가 아니라 그들 자신의 경제일 뿐이다. 1929년의 대공황처럼 비교적 일시적이지만 정말로 경제적 파국이 엄습하는 예외를 제외하면, 실제로 그들이 말하는 '경제' 같은 것은 없다. 기껏해야 '안 좋은' 측면과 '좋은' 측면이 공존할 뿐이다. 이것은 간단히 말해서 돈이 한 곳에서 다른 곳으로, 혹은 어떤 사람에게서 다른 사람에게로 옮겨가는 현상을 의미한다. 돈의 이동성을 인식하고 존중하는 사람이라면, 돈이 다음에 옮겨갈 곳이 어디일지를 생각하고 그보다 먼저, 혹은 적어도 동시에 그곳에 가 있으면 된다.

콘래드 힐튼*은 대공황 시절에 호텔을 사들였다. 공황이 끝나면 호황기가 올 것이고, 그러면 예전보다 훨씬 많은 직장인이 출장을 다니

---

* Conrad Hilton(1887~1979). 사업가, 힐튼 호텔 창업자.

느라 숙박과 회의에 적합한 장소를 찾으리라는 믿음이 있었기 때문이다. 그는 돈이 어디로 모일지를 내다보고 그에 따라 행동했다. 미래의 전망에 근거를 확보하기 위해 MBA와 컨설턴트의 연구가 쌓일 때까지 기다리지 않았다. 그랬더라면 기회는 이미 지나간 다음이었을 것이다.

돈은 지리적으로 움직인다. 미국에는 50개의 주가 있는데, 이 글을 쓰는 시점에 성장세를 보이는 주는 7개밖에 되지 않는다. 한때 전국 각지의 돈이 모여들던 캘리포니아는 이제 대탈출의 시기에 딱 세 걸음 떨어져 있을 뿐이다.

돈은 인구 통계학에 따라 움직인다. 나이, 소득, 정치적 성향, 이 모든 요소가 지출 규모를 좌우한다. 나는 특히 마케팅 분야에서 이 문제를 집중적으로 거론했다. 'NO B.S.' 시리즈에 포함되는 《부자를 위한 마케팅Marketing to the Affluent》과 《베이비 부머 세대와 노년층을 위한 마케팅Marketing to Boomers and Seniors》 같은 책이 대표적이다. 은퇴한 사람들이 모여 사는 고급스럽고 부유한 동네 주변의 마리화나 판매점이 대학가 주변보다 단위 면적당 수익률이 훨씬 높다. 디즈니의 밥 아이거*가 청소년기에 접어든 고객의 이탈에 대비해 마블Marvel을 인수한 것은 현명한 선택이었다.

비즈니스 지도자들이 흔히 지나치게 그 중요성을 과장하는 경향은 있지만, 발명과 기술 혁신, 상품과 서비스, 미디어의 대체 역시 돈의

---

* Robert Iger(1951~). 월트 디즈니 컴퍼니 회장. 한때 위기에 처했던 디즈니의 부활을 이끈 인물로 평가받는다.

움직임을 좌우하는 요소로 작용한다. 이런 자극이 발생하면 돈이 빠져나가기도 하고 모여들기도 한다. 판매와 설치, '사후 관리'에 이르기까지 수천 달러의 비용이 발생해 높은 수익성이 보장된다고 알려졌던 가정용 보안업계는 새로운 업체인 링Ring의 화상 초인종이나 심플리세이프SimpliSafe의 경보장치처럼 훨씬 싸고 간단한 소비자 제품에 밀려 돈이 썰물처럼 빠져나가는 중이다.

돈과 함께 움직이고 움직이는 돈에서 수익을 창출하는 최고의 기회, '장소 전략'

샘 월턴은 소매업계가 외면하는 작은 마을이나 농촌 지방에 많은 돈이 모여 있다는 점에 착안해 월마트Walmart를 창업했다. 매직 존슨[*]은 흑인 인구가 대다수를 차지하는 도심 한복판에 아무도 거들떠보지 않는 거액의 돈이 굴러다닌다는 사실을 알아차리고 영화관과 스타벅스 매장을 열어 큰 성공을 거두었다. 그는 이 시장에 모두 125개의 스타벅스 매장을 개점해 막대한 이윤을 남기고 고스란히 스타벅스 본사에 되팔았다. 두 사례 모두 장소 전략Place Stratage이 연금술을 발휘한 경우다. 나의 오랜 고객인 거시-렌커Guthy-Renker[**]는 자정부터

---

[*] Magic Johnson(1959~). 1980년대를 주름잡은 NBA의 전설적인 스타. 은퇴 후에는 사업가로도 큰 성공을 거두었다.
[**] 빌 거시(Bill Guthy)와 그렉 렌커(Greg Renker)가 1988년에 설립한 다이렉트 마케팅 회사.

새벽 6시 사이, 그리고 주말에 리모컨을 들고 텔레비전에서 볼거리를 찾는 사람들의 손에 의해 많은 돈이 움직인다는 사실에 착안해 10억 달러짜리 텔레비전 인포머셜 회사를 설립했다. 전통적인 광고회사들이 외면하던 돈에 주목한 것이다.

나는 원래 투자자의 관점에서 아마존*Amazon*이라는 기업을 회의적인 눈으로 바라보며 별 관심을 두지 않았다. 내가 보기에 온라인 서적 판매와 소매업은 큰 매력이 없어 보였다. 하지만 상품과 서비스를 구매하려는 사람들이 온라인 검색을 이용한다는 사실을 알게 된 이후부터, 아마존을 검색 엔진으로 활용하는 구매자가 많다는 점에 주목했다. 내가 가진 아마존 주식은 대부분 주당 14달러일 때 산 것이다.* 이전까지 쇼핑객의 검색 엔진 역할을 하던 옐로 페이지*Yellow Pages***가 번성한 것과 똑같은 이유로 아마존에 돈이 흘러들기 시작했다. 옐로 페이지의 선전 문구였던 "손가락으로 발품 파세요"는 아마존에 더 잘 어울리는 슬로건이 되었다. 그런 맥락에서 보면, 같은 도시 안에서도 오래된 집에서 새집으로 돈이 흘러들어 어떤 동네는 인적이 끊기고 어떤 동네는 활력이 넘치는 새로운 번영의 중심지로 변한다는 점을 알 수 있다.

이제 돈은 사람들이 페이지를 넘겨 가며 광고를 확인하고 전화를 걸 때까지 기다리지 않는다. 클릭 한 번이면 끝이다.

---

* 2021년 9월 1일 기준 아마존 주식의 주당 가격은 약 3500달러다.
** 사업체 분류에 따라 구성된 비즈니스 전화번호부.

그 망할 멍청한 셈법을 당장 때려치워라

내 친구 켄 매카시*는 전성기의 《타임Time》지에서 클릭당 광고비 pay-per-click를 상업화한 최초의 인물로 알려진 사람이다. 켄은 시대에 한발 앞서 인터넷의 상업적 가능성을 알아차리고 이를 개발했다. 그는 1993년에 내가 주최한 회의에서 이 주제를 처음 언급했다. 1993년이라고? '1993년'을 잠깐만 검색해보면 알 수 있다. 빌 게이츠도, 스티브 잡스도 차세대 시장으로서의 인터넷에 관심이나 믿음을 갖지 않던 시절이었다. 핵심을 말하자면, 켄은 누구보다도 먼저 돈이 어디로, 왜 움직이는지를 파악한 인물이다. 이것이 바로 우리가 풀어야 할 문제다. 단기, 혹은 장기간에 걸친 돈의 움직임을 예측하고 먼저 그자리에 가 있거나 함께 가는 것이 이미 궤도에 오른 비즈니스를 지속하는 비결이자 막 걸음마를 시작한 신생 비즈니스가 경쟁자를 압도하며 성장하는 비결이다.

선견지명이 얼마나 중요한지는 말할 필요도 없지만, 그렇다고 불가사의한 예지력을 기대할 필요는 없다. 돈의 동기와 움직임을 이해하면 누구나 그런 선견지명을 발휘할 수 있다.

나는 강연과 소식지, 저서 등을 통해 비즈니스와 금융, 사회의 흐름을 예측하는 견해를 자주 발표하는 편인데, 그동안의 기록을 살펴보면 내가 어떤 주제를 처음 언급하고 3년, 5년, 혹은 7년이 지난 후 내예측이 옳았음을 입증하는 결과가 나올 때가 많다. 이런 예측은 대개해당 주제와 관련한 돈의 생각을 곰곰이 따져본 결과물이다. '딥 스로

---

* Ken McCarthy(1959~). 활동가, 교육자, 기업가. 인터넷 광고의 선구자로 평가받는다.

트*는 우드워드와 번스타인**에게 "돈을 따라가라"라는 유명한 말로 워터게이트의 단서를 전했다. 비즈니스에서는 돈을 따라가면 한발 늦다. 물론 고집스레 돈의 움직임을 외면하는 것보다는 훨씬 낫겠지만, 이왕이면 예측하는 쪽이 좋다.

돈에게 물어보라:
너는 이걸 어떻게 생각해?

———

나는 새로운 뉴스를 접할 때마다 반사적으로 나 자신에게 물어본다. 돈은 이 뉴스와 관련해 어떤 견해를 가지고 있을까? 어떤 반응을 보일까? 어떤 움직임을 선택할까?

자, 이제 이 책에서 가장 어려운 결정을 내려야 할 때가 왔다. 의식적으로 계획을 가지고 돈을 상대로 당신과 둘만의 로맨틱하고 진지한 관계를 맺어갈 것인가, 아니면 나의 조언을 허튼소리로 웃어넘길 것인가? 돈의 동기, 돈과의 관계에 대해 주변 사람들과 공개적으로 대화를 나눌 것인가(미쳤다는 소리를 들을 우려를 무릅쓰고), 아니면 자신만의 비밀로 간직할 것인가(효과가 크게 떨어질 우려를 감수하고)?

---

* Deep Throat. 닉슨 대통령의 사임으로 이어진 워터게이트 사건의 내부 고발자에게 붙여진 별명. 사건 발생 33년 만에 '딥 스로트'는 당시 FBI의 2인자 윌리엄 마크 펠트(William Mark Felt, 1913~2008)라는 사실이 밝혀졌다.
** Bob Woodward(1943~), Carl Bernstein(1944~). 워터게이트 사건을 보도한 《워싱턴 포스트》의 기자다.

이것은 당신이 판매하는 상품과 당신이 시장에서 하는 일의 연결 고리를 파괴하는 창의적인 방법이다. 기존의 모든 비즈니스는 이 연결 고리에 묶여 있다. 사람들은 대개 다음과 같은 생각에서 출발한다. 이걸 누구에게 팔지? 어떻게 하면 사람들이 이걸 사고 싶어 할까? 어떻게 하면 더 팔 수 있지? 가격을 어떻게 유지하지? 이런 질문이 시장의 관심과 수요의 변화를 포함한 다른 모든 것에 우선한다. 기존의 제품(혹은 서비스, 유통망, 판매 전략 등)에 관한 생각을 하지 말아야 관점이 넓어지고 생각이 깊어진다. 그 대신 돈이 어디에서 어디로 움직이는지, 돈이 무엇에 대한 지지를 중단했는지, 다음에는 무엇을 지지하게 될 것인지를 물어야 한다. 이런 질문을 당신의 특정 비즈니스 영역에만 국한하지 말고 경제 전반으로 범주를 넓혀야 한다.

주의할 점도 있다. 돈의 움직임을 정확하게 분석하고 있는지, 당신의 예측이 사실에 근거하는지를 꼼꼼하게 따져보아야 한다. 돈의 움직임이 반드시 유행이나 '트래픽'과 비례하지는 않는다. 트래픽이 오프라인에서 온라인으로 대거 옮겨간 것은 사실이지만, 온라인에서 일어나는 상거래의 비중은 통념과 큰 차이를 보인다. 돈은 사람과 사람의 상호작용과 교제를 촉진하는 쪽에서 사람과 기계의 관계, 혹은 고립을 강화하는 쪽으로 이동하고 있다. 인공지능의 등장 또한 무시하면 안 된다. 이런 추세가 가장 뚜렷하게 나타나는 곳이 일본이다. 일본에서는 사람과 사람 사이의 성관계가 점점 더 많은 문제를 유발하는 탓에 로봇 혹은 인공지능을 상대로 하는 섹스가 인기를 끈다. 인공지능이 장착된 세련된 '섹스 인형'으로 손님을 맞이하는 업체들이 전통적인 매춘업소를 대체하고 있다. 정말이다.

이 모든 것을 생각하기란 쉬운 일이 아니다. 헨리 포드Henry Ford는 그래서 제대로 생각하는 사람이 극히 드물다고 말했다. 정확하고 예리한 통찰이다.

그 망할 멍청한 셈법을 당장 때려치워라

처음 관측된 돈의 움직임으로
미래를 예측하는 법

초창기에 GPS와 온라인 검색이 자리 잡는 과정을 지켜본 사람이라면 시리Siri와 알렉사Alexa의 시대를 예측할 수 있었을 것이다. 정보와 교육, 지식이 주도하는 사회에서 구체적이고 잘 준비된 해답이 지배하는 사회로 전환하리라는 것은 너무나 명백했다. '지도 보는 법'이 중요한 사회에서 제일 가까운 스타벅스 매장을 음성으로 알려주는 사회가 되었다. 백과사전이 돈을 버는 세상이 아니라 단답형 해법을 제공하는 업체가 돈을 번다. '성공하는 사람의 옷차림'을 다룬 참고서보다는 '넥타이 매는 법'을 콕 찍어서 알려주는 유튜브 동영상이 더 인기를 끈다.

뭔가를 배우고자 하는 대중의 욕구는 거의 모든 추세가 그렇듯이 점점 조급해진다. 돈도 서서히 이런 추세를 따라가기 시작했다. 원시적인 GPS를 사서 흡착판으로 자동차 계기판 위에 붙이는 사람들이 늘어났다. 기업체의 인력을 교육하는 업체들도 '영업 교육'이나 '리더십 교육' 등과 같은 두루

뭉술한 주제보다는 '어려운 사람과 함께 일하는 법', 'B2B 판매 주기를 줄이는 법', '워드 사용법'처럼 구체적인 주제를 다룬다. 검색 엔진의 정밀한 요청으로 세부 정보를 확보하는 인터넷의 발달과 함께 광고주의 돈은 검색과 통합된 온라인 미디어 쪽으로 흘러들기 시작했다. 돈의 흐름이 정보와 교육에서 질문과 대답으로 옮겨가는 현상은 사회가 '노하우know-how'의 요구에 대처하는 방법이 달라졌음을 암시한다. 이렇게 되면 노하우가 상품화되고 전문성과 경험의 가치가 떨어져 LegalZoom.com*에서 트럼프의 대통령 당선에 이르는 모든 것이 가능해진다는 점을 예측할 수 있다. 토머스 니콜스Thomas M. Nichols가 쓴《전문성의 죽음The Death of Expertise》은 이 주제를 다룬 책이다.

클린턴 대통령이 NAFTA에 서명하고 중국에서 들어오는 수입품의 모든 규제를 철폐했을 때, 우리는 재앙과도 같은 오피오이드(마약성 진통제)의 유행을 예견할 수 있었다. 그 결과 수많은 미국의 육체노동자들이 일자리를 잃었고, 절망과 무기력한 분노, 가정 문제, 배우자 학대 등에 시달리는 이들은 알코올과 약물 중독, 자살이라는 피난처로 내몰렸다. 오

---

* 2001년에 설립된 온라인 법률 서비스 업체. 변호사를 고용하지 않고도 온라인으로 법인 설립, 파산 신청, 유언장, 신탁, 지적 재산권 보호 등의 서비스를 받을 수 있다.

피오이드는 이렇게 비옥한 시장에 등장한 것이었다. 합법적으로 처방되는 약이기는 하지만, 제조와 유통 과정에 불법이 개입하는 양이 엄청나다. 베스 메이시Beth Macy가 쓴《중독 Dopesick》은 사실에 근거해 오피오이드 위기를 깊이 있게 분석한 책인데, 의도하지 않은 결과가 가져오는 위험이라는 극적이고 심오한 교훈을 위해서라도 읽어볼 만하다.

말하자면, 당신 고객의 현재 지출 규모를 도표로 만들어보는 것도 중요하지만, 앞으로도 계속 큼직한 파이 조각을 유지하고 싶으면 3년, 5년, 7년, 15년 후 그들의 지출 규모에도 신경을 써야 한다는 것이다.

02

손실 방지가 곧 돈이다

'운영'에 맡겨두지 마라

손실 방지를 최우선 순위에 두는 비즈니스는 그리 많지 않다. 재고 관리는 저임금 노동력에 의존하는 외부 업체에 위탁된다. 보안 카메라는 설령 있다 해도 제대로 관리되지 않으며, 로열층의 임원실에 앉아 있는 사람들은 누가 그 카메라를 관리하는지 알지 못하는 경우가 허다하다.

미친 짓이다.

ALMOST
ALCHEMY

직원, 납품업체, 배달업체의 절도 행위로 인한 손실이 사업주와 주주의 세전 수입과 맞먹거나 넘어서는 비즈니스가 많다. 이마저도 현금과 현물을 직접 훔치는 경우만 따졌을 때의 이야기다. 실제로는 다음과 같은 간접 절도의 사례도 계산에 넣어야 한다.

- **시간 도둑:** 이론상으로는 임금이 계산되는 근무 시간에 아마존 쇼핑이나 부업, 페이스북*Facebook* 활동으로 시간을 보내는 직원들이 있다. 근무 시간에 아마존 접속을 막아 버리면 아마존 매출의 90퍼센트가 줄 것이다. 어쩌면 아마존이 그렇게 인기 있는 이유가 그것인지도 모른다. 어떤 직원이 매일 한두 시간씩 자리를 비우고 쇼핑몰을 기웃거리면 금방 눈에 띄겠지만, 한 시간에 10분씩을 온라인 쇼핑으로 허비하면 누가 알겠는가?
- **고의로, 혹은 무능으로 인해 업무 수칙을 위반함으로써 발생하는 절도:** 찾아온 손님을 쫓아 버리거나, 전화 응대를 제대로 하지

못하거나, 마땅히 제공해야 할 서비스에 소홀하거나, 매장의 청결을 유지하지 못하거나, 기타 등등의 수많은 사례가 당신의 돈을 훔치고 당신에게 손실을 안긴다. 그래서 나는 고객이 옷을 벗는 곳을 제외한 모든 비즈니스 공간에 감시 카메라를 설치하도록 권장한다. 이 영상을 꼼꼼하게 검토해 직원 교육의 근거로 활용하고, 교육이 불가능한 직원은 해고한다. 경영자가 지켜야 할 가장 기본적인 원칙은 직원들이 알아서 할 거라고 기대하지 말라는 점이다. 신은 당신에게 두 개의 눈을 주었으니, 잘 때 하나는 뜨고 자도 된다.

- **소리 없이 사라진 고객들:** 4장에서 다루겠다.
- **ROI를 책임질 사람 없이 지출된 돈:** 내 영역에서 이것은 광고, 마케팅, 홍보 지출이다. ROI 혁명*ROI Revolution*의 티모시 시워드Timothy Seward는 9장에 소개한 특별기고문에서 이 점을 설명한다. 한마디로 말하면, 우리의 비즈니스에서 모든 일을 실시간으로 점검하지 않으면 그만큼 손실이 커진다.

이 가운데 당신의 급여보다 중요하지 않은 것은 하나도 없다. 기업주 중에는 이를 마이클 거버*가 《기업가 신화E-Myth》**에서 소개한 언어로 생각하는 이가 많다. 그들은 비즈니스 '안'에서 일하는

* Michael Gerber(1936~). 경영자에게 성공적인 사업 노하우를 전수하는 마이클 거버 컴퍼니Michael E. Gerber Companies의 창립자.
** 마이클 거버가 1986년에 처음 발간한 책으로, 이후 여러 개정판과 후속작이 나왔다. 야심만만하게 창업한 비즈니스가 오래 버티지 못하고 망하는 이유와 그 대책을 설명하는 내용이다.

것과 비즈니스 '위'에서 일하는 것을 딱 잘라 구분한다. 마이클의 말처럼, 이것은 거의 모든 비즈니스 소유자에게 해당하는 이야기다. 특히 영세 비즈니스 소유자들은 비즈니스 '안'에서 터무니없이 많은 시간을 허비한다. 지극히 사소한 일에 파묻혀 기쁨을 느낀다. 마치 선반을 채우는 일에 병적으로 집착하는 구멍가게 주인을 연상케 한다. 그러나 선반에 물건이 어떻게 진열되었는지를 한 번도 살피지 않는 사업주는 바보다. 기업가로서 가장 높은 성취에 도달할 때까지는, 그리고 당신이 그 비즈니스를 소유하는 한 그 '안'에 일정한 시간을 투자하는 것이 좋다.

당신은 도둑맞고 있다
아마도 도둑은 당신의 등 뒤에서 웃고 있을 것이다

—

노골적이고 직접적인 절도의 사례로 돌아가보자. 잔뜩 화가 치밀면 정신을 차릴지도 모르니까.

나는 도난 방지 교육 서비스를 제공하는 회사를 운영하는 고객(그는 배달원으로 일하며 실제로 절도를 해본 경험이 있는 인물이다) 덕분에 이 문제와 관련해 처음으로 심층 교육을 받은 슈퍼마켓과 편의점 비즈니스의 사례를 들을 수 있었다. 직원들의 절도 수법은 60가지, 배달원의 절도 수법은 20가지가 넘는다. 내가 이 회사와 함께 일하기 시작한 뒤로 30년이 넘게 변하지 않은 '절도의 흔적들'이 있다. 나는 지금도 언제 어디서 그런 절도가 발생하는지 알아볼 수 있다. 이런 비즈니스 소유자 가운데 대부분은 이런 현실을 인정하지 않는다. 하지만 나는 대형 체인점부터 조그만 구멍가게에 이르는 수백 개의 비즈니스에서 예외 없이 이런 현상을 목격했다. 도둑이 주인보다 더 많은 수익을 가져간다. 만약 그런 절도 행위의 절반만 적발해 피해액을 회수할 수 있다면, 순수익을 잠식하지 않고도 광고와 마케팅에 필요한 예산을 두 배로 늘리는 연금술이 가능해진다. 이 점을 명심해야 한다. 성장 속도를 높이고 경쟁 우위를 확보하려면 자금이 필요하다. 그렇다고 자본금을 늘리거나 부채를 끌어오면 그만큼 몸이 무거워진다. 머지않아 피아노를 등에 지고 달리는 운동선수와 비슷한 상황에 직면할 것이다. 비즈니스 내부의 일상적인 흐름 속에서 필요한 돈을 해방시키면 제3자에게 빚을 지지 않고도 성장을 달성하는 연금술을 발휘할 수 있다.

이는 편의점이나 잡화점에서만 일어나는 일이 아니다. 몇 년 전, 나는 병원을 상대로 비용 절감 컨설팅을 전문으로 하는 업체에서 3년 동안 일한 적이 있다. 여기서도 똑같은 절도 행각이 벌어진다는 사실을 확인하는 데는 긴 시간이 필요하지 않았다. 다른 곳에서 찾아보기 힘든 수법도 발견했다. 예나 지금이나 병원은 제약 회사 직원들이 직접 약품 보관실을 드나들며 선반을 채우도록 허용한다. 그들이 약병 몇 개 훔치는 것은 일도 아니다. 실제로 납품하는 수량과 장부에 기록하는 수량이 다른 경우도 많다. 특히 암시장에서 높은 가치를 지니는 약품도 많다. 이것은 빵 배달원이 편의점을 터는 것과 마찬가지

그 망할 멍청한 셈법을 당장 때려치워라

방식이다. 병원 내부에 편의점과 비슷한 매장이 있는 경우는 길모퉁이 편의점과 똑같이 배달 사원과 직원들에게 도둑질을 당한다. 납품업자와 직원, 그리고 그들이 공모한 절도는 모든 비즈니스에서 발생한다.

예를 들어 직원이 9명인데 그들이 굳이 범죄라고 할 것도 없는 다양한 방법으로 각자 하루에 5달러를 훔친다고 가정하자. 1년이면 1250달러 × 9 = 1만 1250달러가 사라진다. 이 정도로 망하지는 않는다. 사장은 전혀 알아차리지 못할 수도 있다. 이렇게 20년이 지나면 성장에 필요한 자금으로 활용하거나 사장의 노후 자금으로 쓸 수도 있었을 22만 5000달러가 사라지는 셈이다. 실제로는 여기에 0을 하나 덧붙여야 조금 더 현실적인 숫자가 된다. 220만 달러. 직원이 18명이라면 440만 달러가 된다. 이런 사실을 알고 나면 수단과 방법을 가리지 않고 싸울 사람이 많을 것이다.

우리 가게는 그렇지 않아
우리 직원들은 내 돈을 훔치지 않아
우리 납품업자들은 정직하고 믿을 만한 사람들이야
그렇지 않은 사람과 거래할 이유가 없잖아
—

정신 나간 헛소리에 지나지 않는다.

죽어도 그런 믿음을 버릴 수가 없다면, 적어도 레이건의 조언을 명심해야 한다. "신뢰하라, 그러나 검증하라." 매버릭의 조언도 비슷하다. "신뢰하라. 그러나 상대가 밑장을 빼는지 늘 주시하라."

이 장을 마무리할 즈음 내가 사는 동네의 지역 신문에 실린 소식이다. 클리블랜드 병원에서 220만 달러를 횡령한 회계 담당 직원이 3년 동안의 법정 공방 끝에 형이 확정되어 수감되었다는 내용이었다. 아마도 이 소식을 접한 사람들은 범인을 붙잡아 처벌하게 되었으니 승리를 거두었다고 생각할 것이다. 사실은 두려움을 느껴야 정상이다. 내 원칙은 이렇다. 바퀴벌레는 절대 한 마리만 살지 않는다. 마루 위로 후다닥 달아나는 바퀴벌레를 발견하고 발로 밟아 죽였다면, 그다음에 할 행동은 장도리를 들고 마룻바닥을 뜯어내는 일이다. 내 눈에 한 마리가 보였다면 100마리, 1000마리가 숨어 있을 테니까. 그 병원의 '시스템'에 구멍이 뚫려 바퀴벌레 한 마리가 220만 달러를 훔쳤다면, 그 범인을 잡는다고 구멍이 사라지지 않는다. 경각심의 부족과 같은 태도상의 문제가 더 큰 구멍을 초래할 것이라고 봐야 한다.

같은 주, 지역 신문에는 '어린이를 위한 장난감 _Toys For Tots_'*이 털렸다는 소식이 실렸다. 고가의 전자 제품 장난감이 모두 사라졌는데, 범인은 이 단체에서 일하는 임시직과 자원봉사자였다. 그들은 열쇠를 가지고 있어 아무 때나 창고를 드나들 수 있었고, 감시 카메라도 설치되어 있지 않았다. 알고 보니 그들은 처음부터 가난한 아이들에게 나눠줄 장난감을 노리고 이 회사에 들어온 것으로 드러났다.

---

* 부모가 돈이 없어 크리스마스 선물을 받지 못하는 아이들을 위해 장난감을 기부받아 나눠주는 자선 단체로, 1947년 설립되었다.

참고로, 인간의 본성을 분석한 결과에 따르면 절대로 거짓말을 하거나 남의 물건을 훔치지 못하는 본성을 타고난 사람이 5퍼센트, 별다른 이득이 없어도 틈만 나면 거짓말을 하고 남의 물건을 훔치는 사람이 5퍼센트라고 한다. 이 5퍼센트는 정직성 평가에서도 거짓말을 하고, 거짓말 탐지기도 통과하는 경우가 많다. 여러분이나 나 같은 사람이 포함되는 나머지 90퍼센트는 상황 윤리에 따라 살아간다. 우리가 도둑질을 하기 위해서는 세 가지 조건이 필요하다.

1. 욕구

2. 합리화 능력

3. 발각되지 않을 기회

욕구와 합리화 능력은 주관적이며 그때그때 다르다. 오랜 세월 동안 정직하게 일해온 하위직, 혹은 고위직 직원이 갑자기 새로운 욕구에 직면할 수도 있다. 이를테면 약물에 중독되거나, 도박 빚이 걷잡을 수 없이 늘어나거나, 외도에 돈이 너무 많이 들어가거나 하는 식이다. 도둑질을 합리화할 능력 역시 주관적이며 비교적 쉽다. 예를 들면 이런 식이다. '일은 내가 다하는데 돈은 사장이 다 가져가. 나는 꿈도 못 꾸는 휴가를 즐기잖아. 내가 이따금 눈먼 돈을 챙기고 도넛 몇 개 공짜로 집어먹고 망가진 내 동생 차에 쓸 배터리 하나쯤 가져간다고 그가 망하지는 않아.' 위의 세 가지 조건 가운데 통제 가능한 부분은 발각되지 않을 기회뿐이다. 공격적인 태도로 가시적이고 효과적인 대책을 세우지 않으면 피해를 피할 수 없다.

지금까지 설명한 내용은 간접 절도에도 그대로 적용된다. 전화로 영업 활동을 하는 직원이 회사에서 미리 정해준 대본을 따르지 않고 자기 마음대로 대사를 만들어내는 행위는 회사의 신뢰도를 위험에 빠뜨리고 실적을 떨어뜨리는 '범죄 행위'가 될 수 있다. 만약 그 사람에게 욕구와 합리화 능력, 그리고 발각되지 않을 기회가 보장되면, 원래의 대본과는 한참 동떨어진 대사를 이용할 것이 분명하다. (만약 그의 대본이 더 뛰어나다면 적절한 검증을 거쳐서 영업 부서 전체의 공식 대본으로 채택하고 보너스를 지급해야 한다. 회사가 정해준 대본에 반감을 품고 은밀히 가짜 대본을 사용하는 사람은 당장 회사에서 쫓아내야 한다.)

이런 일탈과 부정은 사람의 숫자만큼이나 다양하다. 내가 컨설팅을 진행한 모든 사업체에서 이런 현상이 드러났으며, 기회가 있을 때마다 그런 사례를 적발해 폭로하고자 노력했다. 신중하게 감시하고 지도하지 않으면 '조용한 무정부 상태'가 회사 전체로 번져 커다란 손실을 초래한다.

무정부 상태는 처음에는 점진적이지만 이내 시스템을 뒤흔들 수준이 되어버린다. 예를 들어 구글Google은 직원들에게 무정부 상태를 용인했다. 처음에는 내부 통신망을 통해 회사가 군부에 협력하는 태도를 비판하는 청원이 올라오기 시작했다. 보수주의자나 트럼프 지지자들도 그냥 놔두었다. 채용과 보수의 남녀차별 문제가 대두되더니, 파업이 시작되고 머지않아 회사 전체가 난장판으로 변해 버렸다.

무정부 상태와 연금술은 절대 공존할 수 없다.

이제 내 주장으로 다시 돌아오자. 손실 예방을 통해 뒷문으로, 앞문으로 줄줄 새나가던 돈을 되찾아 광고와 마케팅 투자를 강화하면 연금술이 시작된다. 허공에서 마케팅 비용이 생기는 셈이다. 수익에 흠집을 내지 않고도 경쟁사보다 더 많은 돈을 고객을 확보하고 유지하는 일에 투자할 수 있다. 경쟁사들이 감히 흉내 낼 수 없는 규모의 경제를 시도할 수 있다. 내셔널 풋볼 리그NFL의 다른 모든 팀이 엄격한 연봉 상한선에 묶여 있는 반면 당신의 팀만 4배의 예산을 쓸 수 있고, 남들은 22명의 선수만 등록할 수 있지만 당신은 60명까지 등록할 수 있다면, 누가 이기겠는가? 당신이 아주 명청한 구단주만 아니라면, 당신의 팀은 천하무적이 될 것이다.

손실 방지는 비용이 아니라
이윤의 핵심이다

그에 따라 투자하라

직원들이 사무용품을 훔쳐 가고, 회사 택배를 개인적 용도로 사용하고, 회사의 복사기로 교회의 주보를 복사하는 등의 절도 행위로 회사 수입의 1퍼센트가 사라진다. 고작 1퍼센트일 뿐이다.

재고 물량의 1퍼센트가 뒷문으로 사라진다. 고작 1퍼센트일 뿐이다.

가족과 친구에게 집어 주는 공짜 선물로 1퍼센트가 사라진다.

납품업자의 과다 청구와 과소 배달, 혹은 배달업자의 절도 행각으로 1퍼센트가 사라진다.

노골적인 횡령으로 1퍼센트가 사라진다.

다 합쳐도 총수입의 5퍼센트일 뿐이다. 이는 세전 순수익의 몇 퍼센트에 해당할까? 많은 사업체에서 그 비율은 33퍼센트까지 올라간다. 여기에는 시간 도둑이나 회사 방침에 저항해서 발생하는 손실은 포함되지 않는다. 이 숫자까지 포함

하면 손실은 총수입의 10퍼센트, 세전 순수익의 66퍼센트까지 치솟는다. **당신은 '손실'을 동업자로 삼고 싶은가?**

03

핵심을 실행하라

검증, 분할 테스트를 최대한 빨리 시도하라

"내 인생을 다시 살아야 한다면,
같은 실수를 조금 더 빨리 되풀이하고 싶다"

– 탈룰라 뱅크헤드

아는 것은 힘이 아니다.

ALMOST
ALCHEMY

아마 여러분은 평생 아는 것이 힘이라는 말을 들으며 살아왔을 것이다. 지식을 얻고 학위로 그 사실을 입증하면 힘이 생긴다는 말은 대학 교육의 가장 큰 거짓말 가운데 하나다. 이 거짓 전제 때문에 학자금 융자로 생긴 빚이 1조 달러가 넘는다. 이 거짓 전제로 교재, 강좌, 세미나를 팔아먹기도 한다. 책을 읽고, 강의를 듣고, 세미나에 참석하면 새로운 지식을 습득해 더 강한 사람이 된다고 유혹한다. 기업은 데이터를 수집하고 가공해 스프레드시트와 도표를 만들고 프레젠테이션을 준비하느라 엄청난 돈을 투자한다. 데이터, 즉 지식은 곧 힘이라는 믿음으로 하는 일이지만, 다 허튼소리에 지나지 않는다.

효과적이고 생산적으로 활용할 수 있는 데이터가 아니면 힘을 발휘하지 못한다. 오로지 건설적으로 활용할 수 있는 정보만이 힘으로 이어진다.

응용 지식은 힘이다. 그냥 지식은 힘이 아니다.

비즈니스의 성공적인 금융 공학을 확보하기 위해서는 최대한 신속하고 저렴한 비용으로 입수할 수 있는 믿을 만한 정보가 필요하다. 활용하지도 못할 정보를 수집하느라 엉뚱한 곳을 헤매고 다닐 여유가 없다. 짙은 안개로 진실을 가리는 정보에 현혹되면 안 된다. 핵심을 파고들어야 한다.

핵심은 세일즈다. 위대한 광고인 데이비드 오길비David Ogilvy는 상품을 파는 광고가 좋은 광고라고 정의했다. 그는 이 지론으로 자신의 광고 대행사에 몸담은 동료와 직원들을 괴롭혔다. 광고회사와 고객 사이에는 짙은 안개가 끼어 있기 때문에, 양자의 의견 조율에서 유일한 근거가 될 수 있는 것이 판매 실적이기 때문이다. 그러나 광고에는 신속하고 효과적으로 적용할 수 있는 지식을 확보해 매출을 늘릴 완벽한 기회가 존재한다.

가장 유용한 정보의 출처 가운데 하나는 직접 반응 광고와 다이렉트 마케팅의 핵심인 분할 테스트split test다.

사례: 순서 뒤바꾸기

예전에 내가 술꾼이었을 때, 술집에 가면 '시바스 리갈과 레몬을 곁들인 물 한 잔'을 주문하는 날이 많았다. 하지만 시바스 리갈과 생수만 가져오는 경우가 태반이라, 종업원에게 레몬 껍질을 가져다 달라고 따로 주문해야 했다. 아주 간단한 분할 테스트가 문제를 해결해주었다. 내가 한 것은 말의 순서를 뒤바꾼 것뿐이다. '레몬 껍질 … (잠시 쉬

고) … 그리고 시바스 리갈과 물 한 잔'을 주문하면 80퍼센트 이상 내가 원하는 음료가 나왔다. 나는 또 우리 테이블에서 내가 제일 마지막으로 주문할 때의 성공률이 가장 높고, 제일 먼저 주문할 때가 그 다음이라는 사실을 깨달았다. 중간, 그러니까 두 번째나 세 번째로 주문할 때는 성공률이 크게 떨어졌다(초두성 효과와 신근성 효과*다).

같은 음료를 주문하는 두 가지 서로 다른 방법의 분할 테스트 결과는 최선의 결과를 얻는 방법을 시사한다. 이것은 아주 중요하다. 내가 어떻게 주문하고 싶은지, 내 동료들이 나의 주문 방식을 어떻게 생각하는지, 종업원의 생각은 어떤지(기분 나빠 할지 귀찮아할지) 등은 내가 최고의 결과를 얻는 것과는 상관이 없다.

마케팅과 관련해 또 하나 간단한 예를 들어보자. 같은 웹사이트에 고객의 주문을 받는 페이지를 두 개 따로 만든다. 두 페이지 모두 세 가지 가격 옵션을 제시하는데, 한 페이지의 제일 비싼 가격에는 '최고의 품질', 중간 가격에는 '더 좋은 품질', 제일 싼 가격에는 '그냥 좋은 품질'이라는 라벨을 붙인다. 또 하나의 페이지에는 순서를 거꾸로 해서 좋은 품질을 제일 위에, 더 좋은 품질을 중간에, 최고의 품질을 제일 밑에 배치한다. 나머지는 다 똑같다. 하루, 혹은 한 주 동안 하나의 소스에서 같은 웹사이트를 통해 이 주문 페이지에 많은 트래픽을 건다. 그리고 트래픽의 방향을 바꾸어 절반은 하나의 페이지, 나머지 절반은 다른 페이지에 배치한다. 만약 비싼 가격에서 싼 가격으로 배치

---

* 초두성 효과는 처음 제시된 정보의 영향이 더 큰 현상, 신근성 효과는 가장 최근에 제시된 정보의 영향이 더 큰 현상을 말한다.

한 페이지와 싼 가격에서 비싼 가격으로 배치한 페이지에 현저한 차이가 나타난다면, 금방 알아차릴 수 있다.

더 중요한 것은 우리가 새롭게 찾아낸 지식을 효과적이고 생산적이며 이윤을 창출하는 쪽으로 즉시 적용할 수 있다는 점이다.

우리는 포커스 그룹도, 산업 심리학자도, 부업 삼아 커뮤니케이션 전문가로 행세하는 학자도, 위원회도, 《하버드 비즈니스 리뷰》에 발표된 연구 논문도 필요하지 않다. 월별, 분기별 분석도 필요하지 않다. 모든 사람이 입을 다물어도 된다. 우리는 안다. 그리고 우리는 이 지식을 실질적으로 응용할 수 있다. 의견을 모으지 않아도 된다. 팩트만이 필요할 뿐이다.

온라인 미디어에 주목하는 아주 탁월한 기업가이자 내 '제자'이기도 한 러셀 브룬슨Russell Brunson이 쓴 《검증된 분할 테스트의 108가지 승자108 Proven Split-Test Winners》에는 내가 제안한 독창적인 분할 테스트 유형이 수록되어 있다(이 장 말미에 삽입했다). 어떤 상황에서는 똑같은 테스트의 결과가 뒤바뀌어 내 모델이 지기도 했다. 흔한 일은 아니다. 대부분은 내 모델이 이긴다. 하지만 늘 그렇지는 않다. '의견'을 고려하지 않는 이유가 이것이다. 집단적인 합의는 중요하지 않다. 전문가의 견해도 마찬가지고, 심지어 나 자신의 의견도 중요하지 않다. 분명한 것은 대부분의 경우 내 모델이 더 낫다는 점이다. 연금술은 팩트로 이루어진다.

분할 테스트는 팩트를 드러낸다. 유용하고 확실한 진실을 드러낸다. 다른 방법으로는 좀처럼 도달하기 힘든 목표다.

광고와 마케팅 전반에 걸쳐 분할 테스트가 가능한 모든 분야에서 이런 연습을 해볼 수 있다. 반드시 해야 한다.

그러나 여기서 멈추면 안 된다.

레몬을 곁들인 시바스 리갈의 예에서 보듯, 분할 테스트가 가능한 영역은 수없이 많다. 직원 채용, 직원 교육, 매장 설계, 판매 프로세스 등 거의 모든 분야에 해당한다고 봐도 된다. 가능한 한 많이, 가능한 한 자주 '이것과 저것 가운데 어느 쪽이 더 잘 먹히는가?'에 근거해 결정을 내리고 정책을 만들어야 한다. 이렇게 하면 의견과 믿음과 편견을 팩트로 바꿔놓을 수 있다. 주관성은 객관성으로 바뀐다. 즉각적인 효과를 거둘 수 있는 행동을 선택할 기회가 생긴다.

정보가 가득한 바인더로 책장을 채울 필요가 없다. 정보를 논의하느라 장황한 회의로 시간을 낭비하지 않아도 된다. 우리는 정보를 활용하는 행동을 원하고, 그러기 위해서는 행동으로 연결되는 정보에 초점을 맞춰야 한다.

이것이 연금술이다. 지식을 행동으로, 정보를 황금으로 바꾸는 기술이다. 지식을 지식으로, 정보를 정보로 바꾸는 것이 아니다.

나와 비슷한 일을 하는 컨설턴트는 대개 시장 조사와 여론 조사, 리서치, 데이터와 정보 수집을 좋아하고, 이를 그래프가 가득한 멋진 프레젠테이션으로 포장하거나 회의실에서 직원들이 몇 주 동안 작업해 만든 프레젠테이션을 발표하기를 좋아한다. 나는 그렇게 하지 않는다. 나는 세련되고 멋진 프레젠테이션이 아니라 '행동으로 옮길 수 있는 핵심'을 원한다. 프랑스 음식을 파는 레스토랑은 프레젠테이션에 사활을 걸지만, 정작 먹을 것은 많지 않다. 친구 몇 명과 아내, 그때만 해도 아직 어리던 내 딸과 함께 그런 레스토랑에서 턱시도를 멋있게 차려입은 웨이터가 화려하기만 하지 먹을 게 없는 음식을 내올 때마다 웃음을 참지 못한 죄로 쫓겨난 적도 있다. 웬디스*Wendy's*의 옛 광고가 생각난다. "쇠고기는 어디 있는 거야?"

내가 이 장을 쓰고 있을 때, 내 고객 가운데 상당히 합리적이고 지적인 중간 규모의 기업체 CEO가 고객들의 태도와 관련한 새로운 데이터를 보여주었다. 컨설턴트들이 고객의 태도를 점수로 환산한 데이터였다. 석 달 사이에 그들의 점수가 20점 올랐다. CEO와 직원들과 컨설턴트는 서로 등을 두드리고 하이파이브를 하며 축하 파티를 열었다. CEO는 이 결과에 크게 고무되었다. 거기까지는 좋다. 문득 '리본'을 따려고 많은 돈을 들여 애마 경연 대회에 나가는 사람들이 떠올랐다. 나는 경주마를 가지고 있다. 우리는 돈을 따기 위해 경마에 출전한다. 그래서 나는 그 CEO에게 물었다. 이 데이터를 어떻게 돈으로 바꿀 생각입니까? 20점이 올라가면 어디서 돈이 나옵니까? 이 행복한 결과를 돈으로 바꾸기 위해 어떤 행동을 하고 있습니까? 쇠고기는 어디 있습니까? 햄버거는 언제 먹습니까?

내 질문은 큰 환영을 받지 못했다. 잔칫상에 재를 뿌린 기분이었다.

연금술사의 질문

연금술사의 질문은 이렇다. 누군가가 어떤 형태로든, 특히 당신의 조직 내부인이나 컨설턴트가 어떤 정보를 제시하려 할 때, 반드시 이 질문을 던져야 한다.

"잠깐 멈춰 봐. 내가 이 정보를 획득하면, 그것을 어떻게 행동으로 옮겨야 이익이 생기지?"

이 질문을 던졌을 때 쓸 만한 대답이 나오지 않으면, 그 정보는 좋은 정보가 아니다. 바꿔 말하면 가능한 행동을 먼저 확인하고, 그다음에 그 정보에 시간과 관심을 투자해야 한다. 자영업자나 기업체의 임원 중에는 정반대로 생각하는 이가 많다. 그들은 뷔페에 차려 놓은 모든 음식을 먹어치우려 덤비는 분별없는 대식가처럼 새로운 정보를 받아들인다. 그것이 유용한 정보인지, 행동으로 옮길 여지는 있는지, 있다면 어떻게 해야 하는지를 따지는 것은 둘째 문제가 된다. 이렇게 앞뒤가 바뀌면 엄청난 시간 낭비를 피할 길이 없다.

그래서 지나친 정보의 홍수 속에서 허우적거리지 않고 돈이 되는 정보에 초점을 맞출 수 있도록 훈련해야 한다.

이런 훈련이 얼마나 중요한지 비유를 들어 설명해보자. 뇌졸중이나 심장마비를 일으킬 위험이 큰 두 사람이 있다. 한 사람은 '아스피린'이라고 큼직하게 써둔 약병을 집과 사무실 곳곳에 놔두어 필요하면 언제든 꺼내 먹을 수 있도록 했다. 다른 사람은 아스피린 몇 알, 초콜릿 몇 알, 커피 원두 몇 알, 제산제 몇 알, 구슬 몇 개, 돌멩이 몇 개,

압정 몇 개가 뒤섞인 커다란 깡통을 놔두었다. 아스피린을 급하게 먹어야 할 위급 사태가 생겼을 때, 어느 쪽이 살아남을 확률이 높을까? 이것이 꼭 필요한 정보에 집중하는 사람과 당장 쓸모도 없는 잡다한 정보를 모으는데 집착하는 사람의 차이다.

연금술은 집중과 집중된 노력을 요구한다. 신화적 맥락의 연금술은 오직 하나, 평범한 금속을 황금으로 바꾸는 방법에 집중한다. 금속을 은이나 물이나 기름으로 바꾸려는 것이 아니다. 귀리나 야생화나 진흙을 황금으로 바꾸려는 것도 아니다. 집중과 집중된 노력이 중요하다. 비즈니스의 연금술은 이것을 반영한다. 행동으로 옮길 수 있는 정보를 행동으로, 이윤으로 바꿀 수 있는 정보를 이윤으로 바꾸는 것이 관건이다. 그게 다다. 그 이상은 없다.

솔직히 말해서 우리처럼 정보와 관련된 비즈니스에 종사하는 사람에게는 이런 이야기가 썩 달갑지 않다. 많은 고문, 컨설턴트, 코치, 전문가, 저술가, 강연자, 출판사는 여기 소개한 연금술의 질문을 듣고 싶어 하지 않는다. 우리는 활용할 수 있는 정보만을 고집하는 현명하고 까다로운 '정보의 사용자'보다는 그저 큰 목소리로 정보의 중요성을 외치는 '정보의 소비자'를 상대하며 먹고 사는 사람들이다. 지식의 연금술을 이용해 정보를 황금으로 바꾸고 싶다면, 우리 같은 사람을 조심하라! 이 말을 한 사람이 나라는 사실도 잊지 마시길.

그 망할 멍청한 셈법을 당장 때려치워라

댄 케네디의
분할 테스트 승리 전략

러셀 브룬슨, 《검증된 분할 테스트의 108가지 승자》에서

 백엔드 테스트 | 고객의 구매 횟수를 늘리기 위한 화상 세미나, 마감, 세일즈 프로세스 등에 대한 실질적인 테스트

댄 케네디의 제안

오늘 스마트 화상 세미나에 참가하고 평생 혜택 받으세요!
+ 20가지 프레젠테이션 모두 제공! 참가자 모두에게 해당!!!

특별 가격
~~$67/월~~
$47/월

지금 시작하세요!

*기억하세요: 스마트 화상 세미나에 참여하시면 현재 시스템에 등재된 20가지 프레젠테이션과 스크립트, 홍보 시퀀스를 모두 드립니다. 더 이상 서비스를 이용하지 않아도 여전히 유효합니다.

마이크 쿠크의 테스트

내 친구인 마이크 쿠크Mike Cooch가 보내온 진짜 멋진 테스트를 여러분에게 소개하고 싶다. 상품 자체를 미세하게 조정함으로써 결과가 어떻게 달라지는지를 여실히 보여주는 좋은 사례기 때문이다. 때때로 우리는 사소한 테스트에 집착한 나머지 우리가 바꿀 수 있는 가장 큰 것(가장 큰 효과를 거둘 수 있는 것)이 상품 자체라는 사실을 망각하곤 한다. 마이크가 상품을 조정해 얼마나 큰 성과를 거두었는지 확인해보자.

우리는 월 47달러의 가격으로 자동화된 화상 세미나 서비스를 우리 목록에 새로 올렸다. 두 가지 접근 방법을 가지고 간단한 분할 테스트를 해보았다.

행사 #1: 고품질에 싼 가격의 상품(20차례 화상 세미나 프레젠테이션과 이메일 스크립트에 19달러)을 판매한 다음, 첫 달 할인 가격으로 스마트 화상 세미나를 추가 판매한다. 소비자가 오늘 결제할 금액은 스마트 화상 세미나 한 달 가격인 47달러에 지나지 않았다.

행사 #2: 직접 스마트 화상 세미나를 판매하지만, 서비스를 사용하기만 하면 20차례 화상 세미나 프레젠테이션을 '놀라운 공짜 선물'로 제공한다(댄 케네디 방식).

결과는 이렇다.

행사 #1: $6.25 EPC

- 스마트 화상 세미나 계정 재구매: 34
- 총수익: $3,441
- 총반복수익: $1,598

행사 #2: $8.64 EPC

- 스마트 화상 세미나 계정 재구매: 153
- 총수익: $7,191
- 총반복수익: $7,191

영속성을 확보할 방법을 찾아낸 느낌이다. 설령 행사 #2의
구매자들이 대거 이탈하더라도 결과는 바뀌지 않을 것이다.

총수입

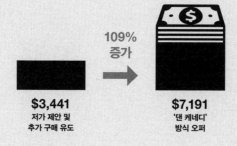

$3,441
저가 제안 및
추가 구매 유도

109%
증가

$7,191
'댄 케네디'
방식 오퍼

어디서 읽었든,
누가 말했든,
설령 내가 한 말이라 해도
너 자신의 이성과
너 자신의 상식에 맞지 않으면
아무것도 믿지 마라.

- 붓다

04

팔로업 마케팅에
목숨을 걸어라

"날고 싶으면 너를 끌어내리는 무게를 포기해야 한다."

– 토니 모리슨

비즈니스 문화에는 (딱) 두 가지 기본 유형이 있다.

현명하게 선택하라.

ALMOST
ALCHEMY

하나는 아주 취약하다. 또 하나는 그렇지 않다. 어떤 유형의 회사를 원하느냐에 따라 모래밭에 초가집을 지을지, 높은 언덕 위에 요새처럼 튼튼한 집을 지을지가 좌우된다.

하나는 세일즈다. 또 하나는 마케팅이다. 둘 사이에는 많은 차이가 있지만, 가장 큰 차이는 전자가 언제나 엄청난 낭비로 점철된다는 점이다. 그것은 광고비를 낭비하고, 리드*를 낭비하며, 고객을 낭비한다. 이는 세일즈피플이 팔로업**을 외면하기 때문이다. 그들(그리고 회사 내의 먹이사슬에서 그들의 윗자리를 차지하는 사람들)은 팔로업을 외면할 뿐 아니라 그 가치를 인정하지 않기 때문에 그런 태도를 고집한다. 팔로업을 외면하는 세일즈피플에게 의존하면 비즈니스 전체가 취약해진다.

---

* 판매하는 상품이나 서비스에 관심이 있어서, 자신의 연락처나 인적 사항을 제공할 의사가 있는 고객을 말한다.
** follow-up. 선행 작업에 대한 후속 조치 또는 관리.

이런 사실을 아는 사람은 많지 않다. 그래도 잘 보면 보인다.

이 점을 분명히 해두고 싶다. 팔로업을 거부하는 편견에 '감염'된 회사는 언제, 어디서, 어느 정도인지도 모르는 채 막대한 비용을 낭비하게 된다. 세일즈 문화와 세일즈피플에게 의존하지 않았다면 피할 수도 있었을 손실을 아무도 모르는 사이에 떠안아야 한다.

세일즈 문화 비즈니스는 세속적인 종교가 통제한다. 한마디로 요약하면 '내일은 없다'가 될 텐데, 이는 지금 대면한 고객과 그 자리에서 계약하지 못하면 그 고객은 절대 다시 돌아오지 않는다는 뜻이다. 이 종교는 자동차 판매업, 금융 자문업, 치과, 그 밖의 수많은 비즈니스에서 철권을 휘두른다. 나도 의료계, 보청기 업계, 체중 감량 업체, 심지어 나 자신의 텃밭이라 할 정보 마케팅, 컨설팅, 코칭, 출판계 등의 분야에서 그런 사례를 목격했다. 또한, 미전환 리드의 가치에 대한 불신이 기승을 부린다. 거의 모든 분야에서 실제로 완료된 세일즈의 80퍼센트는 7차례에서 21차례에 이르는 관심 및 신뢰 구축을 위한 접촉이 선행된다는 경험적 증거에도 불구하고, 또한 DUI나 PI* 법률 서비스처럼 신속한 의사 결정을 지향하는 비즈니스에서조차 모든 세일즈의 절반 이상이 아주 천천히 성숙하는 구매자에 의해 이루어진다는 증거에도 불구하고, 아무도 그런 사실을 믿지 않는다. 몇 달에 걸친 포괄적인 팔로업을 원하지 않는 것이다. 그들의 문화는 상당히 원시적이다. 오늘 사냥한 고기를 먹어라. 오늘 사냥에 성공하지 못

---

* 음주운전(Driving Under the Influence), 개인 상해(Personal Injury) 사건을 말한다.

　　　　　　　　　그 망할 멍청한 셈법을 당장 때려치워라

하면 굶어라.

이것은 잘못된 생각이다.

무식한 짓이다. 의도적으로 진실을 부정하는 처사다. 비즈니스에
방해가 되고, 비용을 잡아먹는다. 한마디로 잘못된 행동이다.

세일즈 문화, 즉 '오늘만 날이다'라는 문화가 당신의 회사와 세일
즈 팀, 혹은 당신 자신에게 전염되도록 놔두면 진수성찬은 건드리지
도 않은 채 바닥에 떨어진 빵 부스러기를 놓고 싸우는 꼴이다. 경기
가 아주 좋을 때는 그렇게 해도 먹고 산다. 경기가 안 좋아서 지갑이
두둑한 구매자를 만나기가 힘들어지면 이런 접근 방법은 곧 실패를
의미하지만, 그때 가서 문제를 해결하려면 너무 늦어서 굶어 죽기 딱
좋다.

워런 버핏은 물이 빠지기 전까지는 누가 벌거벗었는지 알지 못한
다고 했다. '벌거벗다' 대신 멍청하다, 게으르다, 무기력하다, 산만하
다, 재정적으로 비효율적이다 등의 표현을 넣어도 된다. 그런 방법론
은 경기가 좋을 때만 통한다. 그럴 때는 어떤 방법론도 위력을 발휘
한다. 세일즈 문화는 벌거벗은 임금님의 비즈니스 판이다. 시스템이
나 프로세스가 개입할 여지가 없다.

안타까운 일이지만, 크고 작은 모든 비즈니스의 80퍼센트가 세일
즈 문화에 의존해 원시적인 사냥법으로 매일 먹을 것을 구하지 못하
면 생존하지 못하는 상황에 놓여 있다. 겉으로는 현대적인 첨단 기
술로 무장한 듯이 보이지만, 실제로는 원시인의 사고방식을 벗어나
지 못한 사람들이 우글거린다. 지금은 복잡하고 세련된 마케팅 시스

템을 활용하기가 그 어느 때보다도 수월한 세상이지만, 여전히 1960년대처럼 가장 빠르고 강하고 튼튼하고 말주변이 좋은 세일즈피플을 확보하지 않으면 경쟁에서 이기지 못한다고 생각한다.

철두철미한 팔로업 마케팅이 지금보다 더 쉬웠던 시절은 없었다. 자동화하기도 아주 쉽다. 비용도 크게 떨어졌다. 잠재 고객*과 리드를 분석해 시장에 맞는 메시지를 뿌려주는 일이 지금처럼 쉬웠던 적이 없다. 그런데도 기술적으로 훨씬 더 어렵고 비용도 많이 들던 시절, 즉 이메일, 페이스북, 페이스북 리타게팅, 인스타그램, 화상 세미나, 이메일 자동 발송 시스템은 물론 인퓨전소프트*Infusionsoft**, 허브스팟*HubSpot*** 같은 플랫폼이나 테크놀로지가 등장하기 전보다 이 기법을 찾아보기가 오히려 더 어려워졌다. 요즘 세상에 철두철미한 팔로업 마케팅이 실패할 이유가 없다. 단지 핑계만 있을 뿐이다.

그럴듯한 핑계를 둘러대느라 급급한 사람이 돈을 잘 버는 경우는 거의 없다.

이제 이 이야기는 잠시 접어두고, 보청기 비즈니스와 금융 자문 비즈니스를 예로 들어 설명을 이어가려 한다. 기초 공사부터 시작해보자.

---

* prospects. 리드 중 제품이나 서비스에 어느 정도 구매 의사를 보인 고객을 말한다.
** 소기업을 위한 이메일 마케팅과 세일즈 플랫폼을 제공하던 기업. 2019년에 회사 이름을 Keap로 바꾸었다.
*** 인바운드 마케팅, 세일즈, 고객 서비스용 소프트웨어 개발사. 2006년 설립.

둘 중 어느 쪽으로 갈 것인가?

———

두 가지 부류의 비즈니스가 있다. 먼저, 세일즈 문화 비즈니스에서는 잠재 고객과의 상담에 임하는 세일즈피플의 역량에 모든 하중이 쏠린다. 잠재 고객의 의심과 저항과 두려움을 극복하고, 반대를 이겨내고, 어떻게든 계약을 성사시켜야 한다. 이런 문화에서는 실제로 상담이 이루어지기 전에 준비해야 할 것이 별로 많지 않다. 상담에서 구매 결정을 내리지 않고 떠난 잠재 고객을 붙잡아두기 위한 노력은 더 찾아보기 힘들다. 위에서 말했듯이 모든 비즈니스의 80퍼센트가 이렇게 굴러가니, 경쟁 우위를 원하는 사람은 일단 그렇게 하지 않는 것에서 시작하면 된다. **다시 한번 말하지만, 당신이 속한 업계에서 제대로 일하는 사람은 거의 없다.**

이런 비즈니스 모델을 고집하는 사람은 지구가 평평하다는 믿음으로 여행을 거부하는 사람과 다를 바 없다. 첨단 기술과 장비가 수두룩한 세상에, 노새와 쟁기로 농사를 짓겠다고 나서는 형국이다. 만약 당신이 이런 식으로 비즈니스를 운영하고 있다면, 부끄러운 줄을 알아야 한다.

마케팅 문화가 지배하는 비즈니스에서는 세일즈 상담이 프로세스의 한 부분을 차지할 뿐이다. 잠재 고객이 상담 현장에서 망설임 없이 구매 결정을 내릴 수 있도록 철저히 준비하고, 구매 결정을 내리지 않고 상담을 마친 잠재 고객에게는 철두철미한 팔로업이 이어진다. 그야말로 세련된 접근법이다. 여러분은 이제 곧 그 둘의 차이를 생생하게 목격하게 될 것이다. 상담 이전의 준비 사항에 관해서는 다음 장에서 살펴볼 예정이다. 여기서는 '실패한' 상담 이후의 팔로업에 집중하자.

셈법이 바뀌면 비즈니스가 바뀐다
절대 무시하면 안 되는 돈의 셈법
—

세일즈 문화를 마케팅 문화로, 원시적인 접근법을 세련된 마케팅과 판매로 바꿔야 하는 이유는 재정적인 측면에서 아주 간단하게 설명된다. 당신은 실제 구매자에게만 돈을 쓰는 것이 아니다. 모든 리드, 모든 전화 통화, 모든 웹사이트 방문, 모든 직접 방문, 모든 상담의 비용을 감당해야 한다. 세일즈 문화에서는 계약 성공률과 상관없이 항상 잠재 고객에게 낭비되는 돈이 많을 수밖에 없다. 포괄적이고 철두철미한 팔로업의 책임을 질 사람은 아무도 없다. 활용하지도 못할 기회비용을 낭비하는 셈이다.

비즈니스를 운영하는 사람은 판매 당 비용Cost Per Sale, CPS을 계산할 수 있다. 광고와 마케팅에 월 1만 달러를 써서 20건의 상품 혹은 서비스를 판매하는 사람이라면, 그의 CPS는 평균 500달러가 된다. 생각이 깊은 사람이라면 간접비를 20으로 나누어서 세일즈피플에게 지급할 수수료와 기타 경비까지 계산에 넣을 것이다. CPS가 '좋은 숫자'이기는 하지만, 거기에만 너무 많은 관심을 기울이면 엉뚱한 결론에 도달하기 쉽다. 평균적으로 CPS를 상회하는 수익이 발생하는지를 따져볼 수도 있지만, 이것은 재무 효율성과 관련해서는 별 의미가 없다.

세일즈 문화가 지배하는 비즈니스를 운영하는 사람은 이런 셈법조차 알지 못한다. 세일즈 팀의 노력과 활동과 비용 속에 묻혀 있기 때문이다.

재정적 효율성을 계산하기 위해서는 CPA와 CPL을 되짚어보아야 한다. CPA는 상담당 비용Cost Per Appointment, CPL은 리드당 비용Cost Per Lead을 의미한다. 리드의 몇 퍼센트가 상담으로 이어지는지, 상담의 몇 퍼센트가 판매로 이어지는지를 따져보자는 것이다. 이것은 가장 중요한 '돈 계산' 가운데 하나지만, 당신의 재무 담당자는 여기에 주목하지 않을 가능성이 아주 크다. 당신의 세일즈피플은 거기에 관한 진실을 얘기하지 않을 가능성이 아주 크다.

CPL의 경우, 1만 달러의 광고 및 마케팅비를 투입해 전화나 인터넷을 통한 정보 요청이 50건 들어왔다면, 표면상으로 CPL은 200달러가 된다. 500건의 정보 요청이 들어왔다면 CPL은 20달러로 떨어진다. 어느 쪽이든 상담으로 이어지는 리드의 비중은 재무 효율성을 판단하는 첫 번째 내적 근거가 되고, 여기에 집중하면 커다란 진전이 이루어지는 분야다.

나는 도시 곳곳에 여러 개의 사무실을 두고 전문적인 서비스를 제공하던 제법 규모가 큰 광고주와 함께 일한 적이 있다. 그들은 광고와 마케팅, 홍보, 잠재 고객의 문의에 응대하는 직원들의 인건비로

월 10만 달러를 투자해 월 2000건의 리드를 유도했다. CPL로 따지면 50달러가 되는 셈이다. 그 가운데 실제로 거래가 성사되는 고객은 30명에서 40명 사이, 고객 한 명당 결제액은 평균 1만 5000달러였으며, 순수익률은 30퍼센트였다. 어림잡아 월 5만 달러, 1년이면 75만 달러를 번다고 좋아했다. 그러나 좀 더 꼼꼼하게 들여다보면 그들의 비효율성이 드러난다. 2000건의 리드 가운데 상담으로 이어진 건수는 100건(5퍼센트)밖에 되지 않으니, CPA는 1000달러에 달한다. 그들의 순수익을 두 배로 늘리기 위해서는 광고나 마케팅비를 더 쓰지 않고, 또한 실패한 상담의 후속 비용을 더 쓰지 않고 2000건의 리드에서 100건의 상담을 150건으로 늘리기만 하면 된다. 그 외 다른 비용은 같다. 우리는 그저 그들이 확보한 리드에 집중했을 뿐이었다. (이것은 비구매자와 슈퍼맨 세일즈피플에 대한 세속적인 믿음에 대한 도전이었다.)

이것을 세일즈피플에게 맡기는 것은 인간 행동의 '셈법'에 대한 도전이다

——

세일즈 팀을 포함한 모든 조직에는 1퍼센트의 특출난 사람, 4퍼센트의 뛰어난 사람, 15퍼센트의 적당한 사람, 40퍼센트의 그럭저럭 봐줄 만한 사람, 자기 자신이나 타인에게 별 쓸모가 없고 무기력한 40퍼센트의 사람이 있다. 1퍼센트짜리로만, 혹은 1퍼센트와 4퍼센트짜리로

만 이루어진 조직은 어디에도 없다. 게다가 사람이 하는 일은 기분이나 조건에 따라 그날그날 달라진다. 자신의 임무와 책임을 훌륭히 완수하는 사람은 좀처럼 만나기 어렵다. 하지만 철두철미한 팔로업에 충실한 사람은 정말 드물다.

세일즈피플 개인의 생산성을 높여 세일즈와 관련한 재무 효율성을 끌어올리기란 거의 불가능에 가깝다. 세일즈피플 역시 다른 인구 집단과 마찬가지로 분류된다. 특출한 1퍼센트, 뛰어난 4퍼센트, 적당한 15퍼센트, 그럭저럭 쓸 만한 40퍼센트, 아무짝에도 쓸모없는 40퍼센트. 하위 40퍼센트, 심지어 80퍼센트를 아무리 들들 볶는다고 해도 그들 가운데 기존의 실적을 뛰어넘는 사람이 나타나는 경우는 극히 드물다. 어떤 기업은 지리적 영역을 재설정해 실적을 짜내기도 한다. 가장 실적이 좋은 사람에게 가장 유망한 리드와 고객을 몰아주는 방법으로 리드의 흐름을 관리하는 것이다. 그렇게 해도 딱 거기까지다. 세일즈 팀의 규모가 커지면 개인의 평균 생산성은 감소한다. 메꿔야 할 구멍이 너무 많으니 실적을 내지 못하는 인력을 정리하기란 점점 힘들어지고, 경영자 혹은 관리자는 극히 미세한 생산성의 향상에 만족할 수밖에 없다. 이렇게 되면 기대치를 낮추어 결과를 합리화하는 경향이 나타난다. 백약이 무효일 때는 기대치를 낮추라는 모토가 성립하는 것이다.

참고로, 교육과 동기 부여 역시 생산성 향상에 별 도움이 되지 않는다. 나는 이 분야에 평생을 바친 사람이다. 교육은 배우고자 하는 의지와 열정을 가진 사람, 배운 것을 업무에 활용할 능력을 갖춘 사람에게만 도움이 된다. 1퍼센트는 확실하고, 4퍼센트는 가능성이 있고, 15퍼센트는 어쩌면 가능할 수도 있다. 감정에 호소하는 격려, 개인적 발전, 인센티브, 대화와 경쟁도 스스로 동기 부여가 되는 사람에게만 통한다. 1퍼센트는 확실하고, 4퍼센트는 경우에 따라 가능성을 보이며, 15퍼센트는 어쩌면 가능할 수도 있다. 당신은 그들이 고함을 지르며 결의를 다지게 할 수도 있고, 뜨거운 석탄 위를 걷게 할 수도 있다. '비즈니스 문화'를 숭배하는 포스터를 사방에 붙이고, 한적한 숲 속의 휴양지에서 리더십 프로그램을 개최하고, 팀 건설에 능력을 발휘하는 주술사를 초대할 수도 있다. 그래도 1퍼센트, 4퍼센트, 15퍼센트의 원칙은 깨지지 않는다. 그렇다고 내가 동기 부여에 반대하는 것은 아니지만, 그것이 상위 20퍼센트를 지원하는 수단일 뿐 실적 피라미드 전체를 변화시키는 것은 아니라는 점을 알아야 한다. 동기 부여와 프로세스 강화, 둘 가운데 하나를 선택해야 하는 상황이라면, 프로세스에 투자하는 쪽이 낫다.

　사람은 발전할 수 있지만, 오히려 퇴보하는 경우도 많다. 복제 인간을 주제로 마이클 키튼Michael Keaton이 주인공으로 나오는 옛날 영화[*]가 있다. 첫 번째 복제 인간은 완벽했다. 두 번째는 좀 문제가 있었다. 다섯 번째 복제 인간은 침을 질질 흘리고, 제대로 걷지도 못하고, 혼자 음식도 먹지 못했다. 자기 자신이나 자신의 첫 번째 복제를 또 복제하기란 불가능하다. 많은 인력을 거느린 대기업이 직원들을 영업

---

[*] 해럴드 레이미스 감독의 〈멀티플리시티〉(1996).

이 아니라 노동에 투입하는 이유가 이것이다. 프랜차이즈를 팔기보다는 햄버거를 뒤집는 일에 급급하다. 그래서 대기업들이 앞다투어 인공지능과 로봇 분야에 연구비를 투자한다.

마케팅에 초점을 맞춘 재무 효율성은 사람이 아니라 시스템이 주도하기 때문에 확장성이 크다. 세일즈 상담 이전, 혹은 이후에도 모든 리드에서 최대한의 실적을 짜낼 수 있기 때문이다. 바꿔 말하면, **리드와 세일즈피플의 실적에서 최대한의 가치 달성을 분리하면 할수록 재무 효율성이 개선된다.**

반대로, 리드에서 최대한의 가치를 뽑아내는 세일즈피플의 성과에 의존하면 할수록 실적 개선에 의존하게 되고, 재무 효율성을 개선하려는 노력은 실패로 끝날 것이다.

설령 채찍으로 결과를 짜낼 수 있다 하더라도, 그런 결과는 일시적이다. 채찍을 휘두르는 팔이 점점 지쳐가기 때문이다. 당근을 시도한다 해도 그 결과가 일시적이기는 마찬가지다. 오늘의 인센티브가 내일은 당연한 권리로 고착된다. 그러나 철두철미한 팔로업 마케팅을 비롯한 몇 가지 시스템을 구축하면, 영구적으로 긍정적인 결과를 보장할 수 있다.

이것은 소기업은 물론, 내부 혹은 현장의 세일즈 조직을 갖춘 대기업에도 적용된다. 세일즈피플이 한 명이든 천 명이든 간에 상담 이전에 마케팅을 통해 잠재 고객의 구매 확률을 높이면 특출한 1퍼센트든 그럭저럭 쓸 만한 40퍼센트든 세일즈피플 한 명당 투자 대비 수익률을 높일 수 있다. 15퍼센트에 해당하는 사람이 4퍼센트에 해당하는, 혹은 4퍼센트에 해당하는 사람이 1퍼센트에 해당하는 사람의 결과를 낼 수 있다는 뜻이다.

이런 성과에 도달하는 방법은 여러 가지가 있는데, 그중에는 직관에 반하는 것들도 있다. 예를 들어 리드 한 건, 상담 한 건에 대한 지출을 의도적으로 늘림으로써 구매 확률이 가장 떨어지는 잠재 고객을 솎아내고 구매 확률이 가장 높은 잠재 고객으로 상담 건수를 채우는 방법도 있다. 잠재 고객의 구매 확률이 10퍼센트 올라가고 가격 혹은 수수료의 탄력성을 10퍼센트 올리면, CPL과 CPA 지출이 늘어날수록 전체적인 매출과 수익, 세일즈피플 한 사람의 생산성도 올라간다.

사장 혹은 핵심 인력 한 사람이 프레젠테이션을 도맡아 진행하는 영세 기업, 예를 들어 원장이 직접 신규 환자의 프레젠테이션을 진행하는 치과의 경우, 상담 횟수가 제한되기 때문에 이런 접근법은 더욱 필수적이다. 만약 한 달에 30건의 프레젠테이션밖에 할 수 없는 업체라면 가장 생산적인 방법을 동원해야 재무 효율성을 달성할 수 있다. 세일즈피플에게 모든 것을 맡기는 대신 잠재 고객을 선별하고, 상담 이전의 마케팅을 보강하고, 상담 이후의 팔로업을 강화하는 등의 방법이 여기에 포함된다.

다음은 더 유능한 세일즈피플을 확보하거나 세일즈 관리를 보강하는 것 외에 상담의 가치에 긍정적인 영향을 미치는 모든 방법이다.

1. 상담 이전: 잠재 고객이 개방적이고 당신의 회사를 존중하며

신뢰하는 등 사전에 잘 준비되어 있으면 본질적으로 책임감이 부족하고 변수가 많은 세일즈피플의 태도와 적성에 대한 의존도가 낮아진다. 또한 상위 1퍼센트에 해당하는 세일즈피플이 없어도 좋은 결과를 끌어낼 가능성이 커지며, 보수를 지급해야 할 세일즈피플의 숫자도 줄일 수 있다. 이것은 재무 효율성을 개선하는 매우 중요한 요소들이다. 자세한 내용은 5장을 참고하라.

2. **상담 현장:** 물리적인 환경이 중요하다. 무대 연출 역시 마찬가지다. 잠재 고객 한 명을 매장으로, 전시장으로, 사무실로, 진료실로 유치하기 위해 많은 돈을 들여놓고 정작 상담 현장이 너무 열악하면 곤란하다.

3. **상담 실패 이후 — 철두철미한 팔로업:** 상담이 실패한 뒤에도 팔로업을 잘하면 적게는 5퍼센트, 많게는 20퍼센트의 비구매자가 실구매자로 전환된다. 더 말이 필요 없다. 예외도 없다. 나는 수없이 다양한 환경과 상황과 비즈니스에서 이 점을 확인했다. 온라인, 전화 통화, 자택 방문, 매장과 전시장, B2C, B2B, 장소와 방법을 가리지 않는다.

이 대화를 이어가기 위해 당신이 위의 세 가지 접근법을 모두 시도한 결과 판매 전환율이 각각 1퍼센트 증가했다고 가정하자. 세 가지를 합치면 3퍼센트가 된다. 현재의 전환율이 10퍼센트라고 하면, 모든 상담의 가치가 30퍼센트 증가한 셈이다. (10퍼센트에 3퍼센트를 더하면 13퍼센트 아니냐고 생각할 사람이 있을지 모르지만, 공교육 과정을 제대로 이수한 사람이라면 10이 13으로 변하면 30퍼센트가 증가했다는 점을 이해할 것이다.)

이제 내가 보청기 업계의 재무 자문역으로 활동한 사례를 통해 철두철미한 팔로업의 중요성을 살펴보기로 하자.

어느 보청기 업체의 1000개가 넘는 지점을 상대로 다단계, 우편 및 이메일 상담, 구매 불발 시 팔로업 마케팅 시스템을 제안한 결과, 긍정적인 반응을 보인 지점은 채 50개가 되지 않았다. 90퍼센트는 세속적인 종교, 즉 세일즈피플의 부담을 덜어주면 부정적인 결과가 나올 거라는 두려움, 지극히 아둔한 ROI 셈법, 그리고 나태와 무능으로 인해 내 제안을 거부했다. 그렇지 않은 비교적 소수의 지점은 적극인 팔로업을 통해 구매 계약을 맺지 않고 떠난 잠재 고객 가운데 15퍼센트가 시스템을 적용하고 6주 안에 돌아와 구매 계약을 체결하는 성과를 거두었으며, 또 다른 5퍼센트는 12개월 안에 마음을 돌렸다고 털어놓았다. 이는 완전히, 혹은 대부분 흔적 없이 사라졌을 상담 100건당 12만 달러의 수입이 살아서 돌아왔다는 뜻이다. 이 시스템이 아니었다면 세일즈피플의 태도 때문에 상담 당시 구매 결정을 내리지 않았던 잠재 고객에 대한 팔로업을 똑같이 무능하고 게으른 세일즈피플이 떠맡았을 것이다. 이것이 바로 힐러리 클린턴의 방식이기도 하다. 그녀는 선거에서 패배한 원인을 유권자 탓으로 돌린다. 유권자의 아둔함, 여성에 대한 남성의 편견, 남편에게 지배되어 자신의 소신에 따라 투표하지 못하는 아내, 한마디로 '개탄스러운' 유권자 때

　그 망할 멍청한 셈법을 당장 때려치워라

문에 선거에서 졌다는 것이다.*

'개탄스러운' 비구매자를 비난하는 것은 별로 생산적인 생각이 아니다.

상담 100건에 12만 달러의 손실, 혹은 과외의 수입은 큰 차이다. 만약 본사가 압력을 넣어서라도 지점의 사장과 지배인에게 내 시스템을 도입하도록 했다면, 많게는 4800만 달러의 과외 수입이 생겼을 것이다(늙고 초라한 나에게도 많게는 그것의 7퍼센트, 즉 340만 달러의 로열티가 들어왔을 테지만, 구경도 못 했다). 거대한 몸집을 자랑하는 월그린Walgreen 은 이 4800만 달러를 외면한 채 2018년 말 연간 3억 달러의 가혹한 비용 절감을 불사하는 강력한 구조조정 계획을 발표했다. 내가 제안한 시스템으로 확보할 수 있는 4800만 달러에는 아무런 위험 요소가 따르지 않는다. 그들은 피비린내가 진동하고 부작용으로 점철된 수술을 시도했다. 내가 하려 했던 것은 연금술이다.

또 하나의 예를 들어보자. 한 해에 최소 25만 달러 이상의 소득을 올리는 금융 컨설턴트들의 모임에서 강연한 적이 있다. 그중에는 그 두 배 이상을 벌 만큼 잘 나가는 사람도 많았으니, 절대 멍청한 사람들은 아니었을 것이다. 하지만 나는 첫 회의에서 아주 기초적인 질문을 던졌다가 너무나도 멍청한 대답이 돌아오는 바람에 깜짝 놀랐다. 문득 이것이 인간의 본성이라는 생각이 들었다. 깜짝 놀랄 만큼 똑똑한

---

* 힐러리는 2016년 미국 대선 당시 '트럼프 지지자의 절반은 인종과 성차별주의자들이며 동성애, 외국인, 이슬람을 혐오하는 개탄스러운(deplorable) 집단'이라는 발언을 했다가 거센 반발에 직면했고, 이것이 트럼프 당선에 영향을 미쳤다고 분석하는 이가 많다.

사람들이 깜짝 놀랄 만큼 멍청한 짓을 한다. 그것도 아주 자주.

그들이 꼽는 최고의 비즈니스 모델은 국민연금이나 기타 노후 계획에 상당한 자금을 넣어둔 50세 이상의 사람들을 '공짜 만찬 워크숍'에 초대하는 광고 및 직접 우편 발송 전략이다. 애완견과 조랑말 경연 대회를 즐긴 뒤 이어지는 워크숍에서 이 잠재 고객들을 대상으로 개별 상담 신청을 받는다. 많을 때는 60~70퍼센트, 평균 40~50퍼센트 정도가 상담 신청을 하고, 20~30퍼센트에 그치는 경우도 많다. 따라서 적게는 100명 가운데 30명, 많게는 100명 가운데 80명이 '남은 음식'으로 처리되는 셈이다. 이 잠재 고객들(많은 컨설턴트가 보청기 회사의 세일즈피플이 비구매자를 대할 때와 비슷한 태도를 보이는 이들)은 광고를 읽고, 썩 내키지는 않아도 마음을 정하고, 참가 신청을 하면서 신상 정보를 제공하고, 차를 몰아 워크숍 장소까지 온 사람들이라는 점을 명심해야 한다. 그래서 나는 '이 남은 음식을 어떻게 할 겁니까?' 라고 물었다.

하나같이 깜짝 놀랄 만큼 멍청한 세 가지 대답이 돌아왔다.

첫째, 아무것도 안 한다. 아무것도!

둘째, 그들을 '당분간' 우편물 발송 대상자 명단에 넣어두고 그들이 이미 참석했던 워크숍에 다시 초대한다. 이게 얼마나 멍청한 짓인지는 말할 필요가 없다. (당신은 반드시 명단/리드 및 미전환 리드 세분화를 익히고 사용해야 함을 주지하라.)

셋째, 헬렌이 시간이 나면 전화를 걸어 상담을 신청하도록 유도한다. 물론 헬렌은 이런 업무를 맨손으로 뒷마당의 개똥을 치우는 일만큼이나 싫어하니, 언제쯤 시간이 날지는 아무도 모른다. 가능성이 거의 없는 일이다.

두 번째와 세 번째 대답에 대해 나는 데밍*과 버핏의 조언을 제시했다. 할 가치가 있는 일이라면, 최대한 효과적인 방법으로 해야 한다. 가장 효과적인 방법으로 할 가치가 없는 일이라면, 하지 않는 것이 낫다. 이 경우, 나는 최대한 효과적인 방법으로 그 일을 할 가치가 있음을 입증할 수 있다.

우리는 워크숍, 무예약 시스템과 함께 4주에 걸쳐 6통의 우편물, 10통의 이메일을 포함한 16단계의 팔로업으로 상담을 유도했다. 평균적인 결과는 앞서 소개한 보청기 업체의 경우와 비슷했지만, 액수로 따지면 50퍼센트에서 100퍼센트 많은 금액이었다.

실패하지 않는 팔로업

———

내가 초창기에 읽었던 책 가운데 지금은 절판되지 않았을까 싶은 클레멘트 스톤W. Clement Stone의 《절대 실패하지 않는 성공 시스템The Success System That NEVER FAILS》이라는 책이 있었다. 약간 과장이 섞이기는 했지만, 꽤 괜찮은 책이었다. 무엇보다도 제목이 여러 영감을 주는 것 같아서, 곁에 두고 표지만 봐도 좋겠다고 생각했다. 제목에 담

———

* W. Edward Deming(1900~1993). 통계학자, 경영 컨설턴트.

긴 도전 정신이 아주 마음에 들었다. '당신은 그런 시스템을 가지고 있는가? 나에게 설명해줄 수 있는가? 언제 어디서나 적용되는 시스템이라는 점을 입증할 수 있는가?'

현실적으로 이런 시도를 하는 비즈니스 지도자는 거의 없다. 그들은 일시적인 실패는 어느 정도 감내할 수 있다고 알려진 유사 시스템을 만들고 정착하기 위해 노력한다. 그러나 병은 참을수록 깊어진다는 사실을 알아야 한다.

실패하지 않는 팔로업은 얼마든지 가능하다. 미리 구축해둔 일련의 팔로업 시스템과 커뮤니케이션을 자동화해 정해둔 일정에 따라 각각의 리드, 잠재 고객에게 적용하면 된다. 3일째, 5일째, 8일째에 할 일을 정해두는 식이다. 앞에 소개한 금융 컨설턴트를 위한 시스템은 워크숍 참가자의 이름과 주소만 입력하면 된다. 그다음에 소프트웨어와 납품업자가 미리 인쇄해둔 양식에 잠재 고객의 이름과 정보를 자동 생성하면 높은 수준의 확실성과 일관성이 보장된다. 헬렌도 데이터 입력이라는 첫 번째 단계를 거부하지 않을 텐데, 그래야 훨씬 더 귀찮은 다른 업무에서 해방되고 팔로업이 진행되지 않는다고 화를 내는 사장의 성화도 피할 수 있기 때문이다. 여러분도 이런 시스템을 만들 수 있다. 확장성도 보장된다.

내가 하는 일이 이런 것이다. 세일즈 문화를 마케팅 문화로 바꾸고, 사람에 의존하는 대신 시스템이 알아서 처리하도록 하면 된다. 남아 있는 세일즈피플을 통합해 '돈의 셈법'으로 관리하면 이전보다 훨씬 스트레스를 적게 받고도 더 큰 성공을 경험할 기회를 누릴 수 있다.

(1/3은 시스템에 적응할 것이고 나머지는 그렇지 못할 텐데, 그런 사람들은 과감하게 정리해 경쟁업체에 자리를 잡기를 바라면 된다.) 마케팅 시스템이 완전히 자리를 잡으면 이전보다 훨씬 적은 세일즈피플이 필요하고, 때로는 전혀 필요하지 않은 경우도 생긴다. 취약하던 비즈니스의 체질이 완전히 개선되는 셈이다.

완전한 현금화의
실패

우리 집의 통풍관과 카펫을 청소하려고 스탠리 스티머*Stanley Steemer*에 연락했더니, 두 사람의 기술자가 와서 거의 다섯 시간 동안 작업했다. 작업이 끝나자 그들은 보호제 추가 구매를 유도했는데, 여기에는 가산점을 줄 만하다. 총비용은 1670달러에 팁 200달러가 추가되었다. 그러나 그들이 빠뜨린 게 있다.

실패 1. 그들은 6, 8, 12개월 후의 다음번 청소 예약을 확보하려고 시도하지 않았다.

실패 2. 그들은 매월 자동 결제를 하면 추가 서비스를 제공한다고 제안하지 않았다.

실패 3. 그들은 공기 청정기, 가습기, 정수기 등을 추가 판매하거나, 그런 제품을 시연할 세일즈피플의 방문 약속을 잡으려고 시도하지 않았다.

실패 4. 그들은 내가 이웃이나 친구에게 건넬 홍보 팸플

릿과 쿠폰을 놓고 가지 않았다.

실패 5. 그들은 나에게 다른 고객을 추천해 달라고 요구하지 않았다.

실패 6. 그들은 이웃집 현관에 '당신의 이웃은 우리 고객입니다'라는 홍보 팸플릿을 걸어두지 않았다.

사후 관리

실패 7. 그들은 나에게 고객이 되어주어 고맙다는 카드나 선물을 보내지 않았다.

실패 8. 바운스백*이나 친구 추천 쿠폰을 보내지 않았다.

그들이 시간 맞춰 도착해 깔끔하게 작업을 끝내고 보호제 추가 구매를 유도한 데는 가산점을 줄 수 있다. 덕분에 그들은 11점 만점에 3점을 받았다. 낙제점이다. 내 관점은 그렇다. 그들은 나를 고정 고객으로 확보하고 복제 혹은 증식할 기회를 잡으려고 시도하지 않았다. 그들은 완전히 실패했다.

이런 실패 때문에 그들이 평균 5퍼센트의 추가 수입을 올릴 기회를 놓쳤다고 하자. 나의 경우 83.50달러에 20가구를

---

* bounceback. 상품 안에 다른 상품의 광고를 동봉하는 마케팅 방식을 말한다.

곱하고, 거기에 연간 250일을 또 곱하면 41만 7000달러가 된다. 만약 당신이 이 회사의 사장이라면, 이 추가 수입에서 세금을 뗀다 해도 이자가 붙어 10년이면 당신의 노후 계좌에 350만 달러가 들어와 있을 것이다. 마침 이 회사가 스탠리 스티머 같은 대형 프랜차이즈 회사여서 어림잡아 100개의 시장 구역을 보유한다면 4175만 달러에 7퍼센트의 수수료만 적용해도 연간 292만 2500달러의 수입이 들어오고, 10년이면 액수는 2920만 달러로 불어난다. 만약 당신의 회사에 이런 일이 벌어지면, 축하받아 마땅한 일이다. 그러나 거의 모든 자영업자에게 연간 수십만 달러의 추가 수입은 낸시 펠로시Nancy Pelosi의 말처럼 '부스러기'가 아니다.[*] 중간 규모의 기업이라 해도 연간 수백만 달러의 추가 수입을 과감하게 무시하기란 쉽지 않을 것이다.

지은이의 고백

이 책은 평생을 짜증과 함께 살아온 사람이 쓴 짜증 가득한 책이다. 나는 방문객에게 경고 메시지를 전달할 요량으로 일

---

[*] 트럼프 정부의 세제 개편으로 일부 직장인에게 특별 보너스가 지급될 것이라는 홍보에, 민주당 하원 의장인 낸시 펠로시는 그런 보너스가 '부스러기(crumb)'에 지나지 않고 실질적인 혜택은 대기업과 고위 경영진에게 돌아갈 것이라고 비판했다.

곱 난쟁이가 그려진 1.2미터짜리 카드보드 상자에서 잘라낸 '심술쟁이 그럼피'를 내 사무실 화장실에 세워놓았다. 내가 가장 짜증스럽게 생각하는 것은 기회의 낭비다. 나처럼 파산을 경험한 사람은 돈 낭비를 싫어한다. 집안의 모든 방석을 들추고 모든 주머니를 다 뒤져도 저녁 사 먹을 돈이 25센트 부족해 주린 배를 안고 잠들어본 사람이라면, 손만 뻗어도 잡을 수 있는 기회를 낭비하는 누군가를 지켜보는 것이 얼마나 고통스러운지 알 것이다. 만약 당신이 그렇게 나태한 사람이라면, 나는 당신의 엉덩이를 걷어차고 싶다. 그래도 분이 풀리지 않는다. 당신 회사가 기회를 낭비한 끝에 부도를 신청하면, 나는 힘껏 손뼉을 치며 환호할 것이다.

위로, 위로, 위로,
우리는 위로 간다!

상승 피라미드와 사다리

"사람은 자신의 손이 닿는 곳을 넘어서야 한다.
그러지 못하면 천국이 무슨 소용인가?"

– 로버트 브라우닝

만약 당신이 이것을 내어놓으면 지갑은 기꺼이 열릴 것이다. 이렇게 되면 모든 고객은 가치가 더 커지고, 같은 목표를 달성하기 위해 혹은 목표의 초과 달성을 위해 필요한 고객의 수는 줄어든다.

사람은 신분 상승을 원한다.

ALMOST
ALCHEMY

'사다리' 혹은 '상승 피라미드'가 있으면 이런 일이 가능해진다.

사다리는 직사각형 혹은 '사다리꼴' 모양이다. 여기서는 무제한의 사람들이 한 레벨에서 다음 레벨로 올라갈 수 있다. 소비자는 어떤 단계에서도 시작할 수 있다. 상승 피라미드Ascending Pyramid, AP는 단계가 높아질수록 자리가 점점 줄어들며, 위로 올라가기 위해서는 조건을 채우거나, 일정 구매량을 달성하거나, 대기 명단에 이름을 올리거나, 경쟁을 통과해야 한다. 어느 쪽이든 평균적인 고객의 가치를 크게 높일 수 있다.

어떤 비즈니스가 이미 보유한 고객의 흐름을 파악해 평균적인 고객의 가치를 2배, 5배, 10배, 20배로 높이는 것보다 더 대단한 연금술은 없다. 이는 뒷마당의 흙 속에 숨어 있는 광물을 이용해 황금을 만드는 일과 같다. 새로운 자산이 생기는 것이 아니다. 이미 가지고 있는 자산을 더 효과적으로, 더 창의적으로 활용하는 것뿐이다.

러셀 콘웰Russell Conwell의 전설적인 강연과 수필, 그리고 아주 개념

적이고 형이상학적인 우화라고 할 수 있는 《다이아몬드의 땅Acres of Diamonds》도 비슷한 이야기를 담고 있다. 이를 잘 모른다면 한 번쯤 찾아서 읽어볼 가치가 있다. 나는 지금 그 실질적인 적용에 관해 이야기하는 중이다. 비즈니스에서는 멀리 떨어진 곳에 있는 다이아몬드 광산, 즉 새로운 고객의 확보에 지나치게 초점을 맞춘 나머지, 지금 뒷마당에 떨어져 있는 다이아몬드, 즉 기존의 고객에 대해서는 별 신경을 쓰지 않는 경우가 많다. 새로운 고객을 충분히 유치하지 못하면 커다란 문제가 발생한다. 새로운 고객은 비즈니스의 생명줄이다. 누군가는 새로운 고객을 확보하기 위해 최선의 노력을 기울여야 하고, CEO나 사장이 매일같이 신경 써야 할 5대 숙제 가운데 하나가 되어야 한다. 하지만 다른 한편으로는 기존 고객을 상대로 좋은 성과를 거둘수록 새로운 고객을 확보하는 데 필요한 자금을 충분히 마련할 수 있다. 위의 비유를 적용하면, 땅 위에 떨어진 다이아몬드를 줍기만 하는 사람은 머지않아 다이아몬드 밭과 광산을 사들이다가 파산할 것이다.

고객 가치를 늘리는 법

———

상승 피라미드가 표준으로 통하는 비즈니스 분야가 있다. 무술 도장이나 음악 학원 같은 곳이 대표적인 예다. 내 고객인 마티 포트Marty Fort는 사우스캐롤라이나의 컬럼비아에 큰 음악 학원 두 개를 가지고 있고, 주로 '성공의 사다리 시스템'을 이용해 미국 전역의 1000여 개의 교육 기관을 대상으로 소유자 및 운영자 교육과 코칭을 제공한다. 또 다른 고객인 스티븐 올리버Stephen Oliver는 자신이 관여하는 수백 개의 무술 도장에 이 시스템을 도입했다. 내가 몸담은 정보 마케팅 업계에서는 상승 피라미드가 하나의 표준으로 자리 잡아 극적인 결과를 끌어내고 있다. 그런 업체 가운데 하나가 나를 찾아왔는데, 매달 고정된 사용료를 내는 3년짜리 고객들이 평균 9000달러의 가치를 생산한다고 했다. 나는 똑같은 상품과 서비스를 상승 피라미드로 재배치해 같은 고객에게 적용한 결과, 3년짜리 고객의 평균 가치를 3만 4000달러로 끌어올렸다. 90만 달러의 가치를 생산하던 100명의 고객이 이제 340만 달러의 가치를 생산하게 된 것이다. 이것은 3.7배 (+370퍼센트)가 증가한 수치다. 이 회사는 신규 고객을 확보하기 위한 비용을 두 배로 늘리고도 1.7배(+170퍼센트)의 소득 증가를 누린다. 이런 것이 연금술이다.

다른 비즈니스도 상승 피라미드와 사다리를 이용할 수 있지만, 그 원리를 이해하지 못하거나 해당 업계의 상식이 아닌 전략을 도입할 만큼 창의적이지 않아서 기회를 잡지 못하고 있다. 늘 그렇듯이, 업계의 대부분은 근시안적이고 제한적이다. 그 틀을 유지하기만 해도 수익이 조금씩 늘어나기는 하겠지만, 결정적인 돌파구를 찾기에는 역부족이다. 업계의 상식에 과감하게 도전장을 던지는 사람만이 돌파구를 찾을 수 있다. 절대 잊어서는 안 된다. 특히 상승 피라미드와 사다리가 아직 표준으로 자리 잡지 않은 업계일수록 반드시 기회를 잡아야 한다.

그 핵심적인 이유는 소비자들이 사다리와 피라미드를 올라가야 한다는 전제 조건을 가지고 있기 때문이다. 우리는 유치원에서 대학까지, 보이스카웃과 걸스카웃 따위의 갖가지 특별 활동에서, 군 복무와 사회생활을 통해 그런 훈련을 받았다. 당신의 고객은 사다리와 피라미드가 나타나기를 기다리고 있다!

사람들이 사다리와 피라미드의
다음 단계로 올라가도록 유도하는
재무 효율성의 목적

—

첫째 목적: 상승에 의한 이탈 방지. 단순히 거래의 당사자로 머무는 고객보다는 특정한 구상과 영감을 통해 한 단계에서 다음 단계로 꾸준히 올라가는 사람일수록 더 오래 고객으로 남는다. 고객을 되도록 오래 유지할수록 좋다고 할 때(그렇지 않은 비즈니스가 있을까?), 고객의 수명을 늘리는 가장 생산적인 방법은 그가 한 단계(혜택, 관여도, 지위 등)에서 다음 단계로, 또 그다음 단계로 꾸준히 올라가도록 유도하는 것이다. 목표를 향해 올라가는 고객은 이탈할 가능성이 작다. 더 높은 단계를 만드는 데 들어가는 비용은 시간이 지남에 따라 늘어나는 고객의 지출액 증가와 비례하지 않는다. 더 높은 단계로 올라가는 기간이 긴 고객일수록 더욱 큰 가치를 지닌다. 시간이 갈수록 그 고객

그 망할 멍청한 셈법을 당장 때려치워라

을 확보하는 데 들어간 비용이 상쇄될 뿐 아니라, 더 높은 단계의 상품과 서비스의 이윤이 초창기의 기본적인 상품과 서비스의 이윤보다 크기 때문이다. 이것은 이중의 연금술이다!

좀 더 단순하게 이야기해보자. 만약 고객이 어떤 목표에 도달하기 위해 단계를 유지하면서 계속 비용을 지출해야 한다고 할 때, 당신은 고객의 수명, 거래의 빈도와 액수 면에서 커다란 혜택을 누릴 수 있다.

둘째 목적: 더 많은 상품과 서비스의 소비. 온라인 게임 산업이 바로 이 원리에 입각한다. '공짜 게임'을 즐기는 사람들은 단계를 올리기 위해 '유료 아이템'을 구입하는 데 많은 돈을 쓴다. 모든 비즈니스의 '게임화'는 대세가 되었다. 오프라인 세상에서는 전혀 새로운 현상이 아니다. 나도 암웨이*Amway*에 들어가자마자 그것을 배웠다. 나중에는 빌 필립스*가 이것을 잘 이용한다는 사실도 알게 되었다. 그의 바디 포 라이프*Body For Life* 고객들은 상품으로 자동차가 걸린 경연 대회에 참가하기 위해 그의 회사에서 만든 영양제와 음료, 그 밖의 상품을 소비해야 한다. 나는 이 방법을 비즈니스 환경에 도입해 수많은 교육, 코칭, 컨설팅 회사가 큰 수익을 올리는 데 일조했다. 치과 분야의 스케줄링 인스티튜트*Scheduling Institute***는 이 방법을 가장 잘 활용하는 대표적인 사례다.

---

* Bill Phillips(1964~). 보디빌더를 꿈꿨으나 대학에서 스포츠 영양학과 운동 생리학을 공부한 뒤 《바디 포 라이프》를 비롯한 여러 저서가 인기를 끌면서 건강 관련 사업가 겸 저술가로 활동하고 있다.
** 1997년 설립. 다양한 의료 분야, 특히 치과 관련 분야의 의료인을 대상으로 교육, 세미나, 코칭 이벤트 등을 제공하는 민간 기업.

1+2 = 수백만

앞의 두 가지 목적을 적절히 결합하면 어떤 일이 벌어지는지 살펴보자.

한 달에 평균 100달러를 반복해서 구매하는 고객이 있다고 가정하면, 이 고객은 연간 1200달러의 가치를 지닌다. 그런 고객이 1000명이라면 연간 120만 달러가 된다.

하지만 그 1000명 가운데 200명은 월 150달러, 50명은 월 350달러, 10명은 월 1000달러를 소비하는 단계로 올라간다고 하면, 이 회사의 연간 매출은 약 160만 달러로 늘어난다. 똑같은 고객층을 가지고 매출이 40만 달러 늘어나는 셈이다.

10명	월 1,000달러	연 120,000달러
50명	월 350달러	연 210,000달러
200명	월 150달러	연 360,000달러
740명	월 100달러	연 888,000달러
		총 1,570,000달러

우리는 매출을 40만 달러 늘리기 위해 훨씬 더 많은 고객을 끌어모으는 어려운 일을 할 필요가 없다. 고객 수는 그대로 두어도 그 가운데 일부가 피라미드의 다음 단계로 올라가도록 조작하고 조직하기만 하면 된다.

상승 피라미드 이야기는 이것으로 끝이 아니다.

대부분의 경우, 높은 단계의 고객일수록 낮은 단계의 고객보다 충성도가 높다. 높은 단계의 고객일수록 다른 고객을 소개하는 사례도 많다. 이윤의 관점에서 각 단계의 상품과 서비스와 혜택을 합친 금액이 낮은 단계의 고객들에 대한 기본 비용과 비례하지 않는다. 이런 사실을 종합하면 한 고객을 상승 피라미드의 다음 단계로 끌어올리는 일의 재무 효율성은 아주 인상적이다. 앞의 사례로 돌아가서, 같은 고객층을 5년 이상 다음 단계로 끌어올리며 보유한다고 할 때 수입은 연간 40만 달러에서 60만 달러, 80만 달러로 증가하고, 이윤율도 기존의 단선적인 접근법보다 훨씬 좋아진다. 거의 마법과도 같은 위력을 발휘하는 셈법이다.

내 고객의 비즈니스에서는 일상적으로 이런 일이 벌어진다. 영세 사업체에 상승 피라미드를 도입하면 5년 사이에 10배가 성장해 500만 달러짜리 비즈니스가 5000만 달러짜리 비즈니스로 탈바꿈한다. 그러기 위해 10배 많은 고객이 필요한 것도 아니다.

상승 피라미드의 단계는
어떻게 형성되는가?

—

상승 피라미드의 단계마다 가치가 올라가는 구조는 대략 다음과 같다.

1. 상품과 서비스의 묶음 판매

2. '구루'에 대한 접근성

3. 배타성

4. 공동체 내부의 지위

5. 공동체 외부의 지위

각각의 요소를 간단히 살펴보자.

1. 상품과 서비스의 묶음 판매

가장 확실한 방법이다. 피라미드의 제일 낮은 단계에서는 상품과 서비스가 모두 분리되어 따로따로 가격이 책정되고, 몇몇 품목은 제한될 때도 있다. 다음 단계로 올라가 골드 VIP, 다이아몬드 VIP 플랜 등을 선택하는 고객에게는 여러 상품과 서비스를 하나로 묶어서 따로따로 구매할 때보다 상당한 할인 혜택을 제시하며, 제한된 품목의 구매도 가능해진다. 예를 들면 크루즈 상품이나 항공권을 따로 살 수도 있고, 호텔 숙박과 크루즈, 해안 관광을 번들로 묶어서 살 수도 있다. 다음 단계로 올라가면 번들로 묶인 상품에 육상의 숙소가 따로 제공되고, 승선과 하선 순서도 당겨지며, 선장이 주최하는 파티에 참석할 수 있고, 선내에서 벌어지는 모든 행사에서 제일 좋은 테이블이 배당된다. 한 단계 더 올라가면 그 모든 혜택에 추가로 일반 객실 대신 특실에 묵을 수 있고, 아래 등급의 손님은 들어가지 못하는 최고급 클럽 라운지와 수영장을 사용할 수 있다. 이런 시스템은 자원의 희소성 때문에 피라미드 구조를 띨 수밖에 없다. 일반 객실보다는 바깥이 내다보이는 특실의 수가 적고, 특실보다는 스위트룸의 수가 적기 때문이다. VIP의 해안 관광도 수용 인원에 한계가 있고, 최고급 라운지와 수영장은 최대 25명까지만 들어갈 수 있다. 피라미드의 제일 아래 등급에 1000개의 자리가 있다고 하면, 골드 등급은 300개, 다이아몬드 등급은 150개, 플래티넘 등급에는 25자리밖에 없다.

아주 흥미로운 '꼼수'를 공개하자면, 높은 등급의 고객에게만 독점적으로 제공되는 혜택, 그리고 등급이 올라갈수록 희소성이 높아지는 피라미드 구조의 압력을 고려할 때, 묶음 상품 쪽에 개별 상품의 가격을 합친 액수보다 더 높은 가격을 청구할 수 있다는 점이다.

2. 구루에 대한 접근성

모든 분야마다 정신적 지주라 할 만한 '구루', 즉 유명 요리사나 보석 세공의 달인 같은 사람들이 있기 마련이다. 고객은 그런 사람을 직접 만나거나 관계를 맺고 싶어 한다. 구루를 만나고 싶은 욕구가 클수록 피라미드의 아래 등급에는 그 기회가 제한되어야 하고, 따라서 이는 고객을 더 높은 등급으로 끌어올리는 지렛대 역할을 한다.

1번과 2번 모두 등급이 올라간다고 비용도 그에 비례해서 올라가지는 않기 때문에 차별화된 가격과 더 큰 순익을 얻을 수 있다는 점을 이해해야 한다. 아무것도 없는 허공에서 금덩어리를 만들어내는 것과 마찬가지다.

3. 배타성

1번과 2번 항목에서 설명했듯이, 배타성은 가격 탄력성을 보장하고 간단히 피라미드의 각 단계에 적용할 수 있다. 더 많은 상품을 적절히 배합해 (상대적으로) 적은 수의 고객에게만 배타적으로 적용하면 등급 상승 욕구를 자극할 수 있고(다른 방법으로는 그런 상품에 접근하지 못한다고 할 때), 고객 한 사람으로부터 끌어내는 평균 수익률을 높일 수 있다.

4. 공동체 내부의 지위

내가 설립해서 운영한 회원제 기업가 공동체인 'NO. B.S. 이너 서클'은 그 상승 피라미드의 꼭대기 등급의 회원에게 '자랑할 권리'를 준다. 공동체 바깥에서는 아무런 의미도 없지만, 공동체 내부에서는 커다란 의미가 있다. 여기에 각 등급으로 올라갈 인원에 제한을 둔 수요와 공급의 법칙이 더해지면, 상당한 수준의 가격/수수료 탄력성이 보장된다.

이 글을 쓰는 현재, 내 자택에 마련된 사무실로 찾아와 7시간 동안 컨설팅을 받는 기본 수수료는 1만 9400달러다. 최상위 변호사나 비즈니스 컨설턴트가 청구하는 상담료의 3배에서 10배에 해당하는 금액이다. 그런데도 수요는 지난 10년 연속으로 내가 마음먹은 공급을 초과했다. 직접 광고나 마케팅으로 내 서비스를 알리지도 않았는데 말이다. 1년에 30명 이상의 고객이 이렇게 높은 상담료를 기꺼이 지불하려 하는 이유가 무엇일까? 금전적인 가치로 볼 때, 이 정도의 상담료는 헐값이다. 그만큼 전문적인 서비스를 제공하기 때문이다. 그러나 솔직히 말해서 거기에는 지위라는 요소가 개입하는 것도 사실이다. 내 고객은 대부분 같은 공동체에 소속되어 있고, 공동체 내부의 위상을 중요하게 생각하는 이들이다. 모든 고객은 내 '소굴'에서 나와 함께 사진을 찍으려 하며, 그 사진을 소셜 미디어에 올리고 하루 동안 1 대 1로 나를 만난 이야기를 공유하려 한다. 덕분에 나는 상담한 시간이나 실질적인 작업량보다도 많은 상담료를 받을 수 있다. 그 밖에도 요즘은 광고 문안을 작성하는 프로젝트(단가와 로열티가 아주 높다)나 개인 고객 프로그램Private Client Program에 참여한다. 이 프로그램은 참여 그룹의 규모가 엄격히 제한되고 12개월에 10차례 개별적인 전화 통화를 통해 컨설팅이 이루어지는데, 비용은 1년에 3만 5000달러다. 이 프로그램은 아주 효율적이다. 모든 통화는 매달 정해진 날에 진행되고, 나는 그 대가로 하루 기본 상담료의 2.3배(230퍼센트)에 해당하는 4만 5000달러를 받는다. 이 프로그램에 참여하는 고객은 실질적인 혜택을 받기도 하지만, 공동체 내에서의 위상이 올라가는 효과도 함께 누린다.

5. 공동체 외부의 지위

공동체 외부의 지위는 더욱 강력하고 정당성이 인정되는 구매 동기로 연결된다.

　이 책을 발행한 출판사인 포브스 북스Forbes Books는 어드밴티지 미디어 그룹Advantage Media Group 산하의 여러 임프린트 가운데 하나다. 어떤 저자에게는 다른 임프린트를 선택해도 저서를 출간하는 목표를 달성할 수 있고, 수수료도 낮으며, 내용상의 요구 사항이나 간섭도 덜 엄격하다. 그러나 또 어떤 저자에게는 포브스 북스에서 책을 낸 저자라는 위상이 더 중요하고, 더 많은 돈을 투자할 가치가 있으며, 어드밴티지나 어드밴티지의 다른 임프린트에서 책을 출간할 때보다 3배(300퍼센트) 이상 많은 수수료와 비용을 감당할 가치가 있다. 재무 효율성의 관점에서는 어드밴티지가 저자를 유치하고, 전략과 편집상의 지원을 제공하며, 실제로 책을 출간하고, 아마존 등을 통해 배포를 관리하는 핵심 비용이 포브스 북스라는 이름을 사용한다고 해서 3배 더 늘어나지는 않는다. 어드밴티지 입장에서는 저자를 상승 피라미드의 높은 등급, 즉 포브스 북스로 끌어올리고 마케팅 에이전시 서비스 관계를 구축하는 쪽이 재무 효율성을 개선하는 방법이다(물론 저자가 자격 요건을 충족할 경우의 이야기지만). 저서를 자기 자신, 혹은 비즈니스 마케팅의 핵심 수단으로 활용하고자 하는 저자의 관점에서도 어드밴티지나 포브스와 이런 관계를 맺는 것이 다른 출판사와 거래하는 것보다 더 나은 재무 효율성을 담보하는 방법이다.

(어드밴티지 미디어 그룹은 미국의 비문학 출판사 중에서 가장 성장 속도가 빠른 출판사다. 이 출판사의 저자들은 대부분 자신의 책에 투자하고 종합 서비스를 제공하는 출판사를 통해 본인을 사상의 지도자로, 연사로, 컨설턴트로, 의사로, 변호사로, 투자 자문가로 홍보하는 등 수익을 목적으로 저서를 출간하고 유통한다.)

영리한 기업가, 임원, 전문가는 자신의 위상을 높여줄 장치, 도구,

멤버십, 자격 증명 등에 투자하는 경우가 많은데, 고객에게 위상을 구매하고 상승 피라미드의 높은 등급으로 올라갈 기회를 제공하는 비즈니스는 그렇게 많지 않다. 위상 구매를 반드시 자기만족으로 생각할 필요는 없다. 실질적인 측면도 있으며, 실질적으로 정당화되기도 한다.

상승 피라미드의 사례

——

이것을 '평범한' 예시 비즈니스에 적용해보자. 여기서는 특별한 포도주 저장고를 갖춘 고급 레스토랑을 선택했다.

우리는 아주 특별한 포도주 저장고를 갖춘 레스토랑을 가지고 있다. 누구나 예약 가능한 넓은 공간이 준비되어 있고, 포도주를 주문하지 않아도 식사를 할 수 있으며, 원하는 음식만 고를 수도 있다. 그러나 우리는 고객에게 상승 피라미드를 소개하고 시간이 갈수록 단계가 올라가는 시스템을 활용할 것이다.

1단계(VIP): 한 달에 하루, 사전에 메뉴가 정해진 2인 저녁 식사, 엄선한 포도주, 무료 디저트, 생일 주간 무료 저녁 식사, 회원 전용 소식지 등을 묶음으로 제공. 가격은 한 달에 279달러라고 치자(매월 1일 신용카드로 자동 청구).

2단계(골드 VIP): 1단계의 혜택에 더해 연간 8회 요리사 혹은 소믈리에가 참가하는 특별 시식회 초대, 특별 포도주 시음, 연간 1회 4명의 동행과 저녁 식사를 함께할 수 있는 쿠폰 제공. 월 379달러.

3단계(다이아몬드 VIP): 100명 한정. 2단계의 혜택에 더해 매달 공신력 있는 기관에서 선정한 포도주 1병 제공, 발렌타인 데이와 12월 31일 같은 특별한 날에도 48시간 이내 예약 보장. 월 547달러.

4단계(플래티넘 VIP): 50명 한정. 3단계의 혜택에 더해 사장 혹은 소믈리에가 안내하는 4일짜리 북부 캘리포니아 포도주 산지 견학, 유명 와이너리 4군데 방문, 도시 관광(추가 인원 별도 요금 청구) 혹은 사장 소유의 여름 해변 별장 초대(추가 비용 없음), 연간 4회 영업 외 시간에 진행하는 특별 이벤트 초대. 월 879달러.

3단계와 4단계 회원에게는 모든 (부유한) 회원에게 발송되는 월간 소식지에 특집 기사로 소개되고 모든 회원이 초대되는 연례 네트워킹 리셉션과 이벤트에서 집중 인터뷰 대상으로 선정될 옵션이 포함된다.

이 정도면 상승 피라미드의 필수 요소 다섯 개가 모두 들어간 듯하다.

쉽지 않은가?

물론 이것은 연금술이 평범한 금속을 황금으로 바꾸는 것과 마찬가지로 비즈니스의 '본질'을 바꾸는 일이다. 그렇게 되어야 한다. 특별한 포도주 저장고를 갖춘 고급 레스토랑이 상승 피라미드의 특징을 유감없이 발휘하는 명품 멤버십 레스토랑이라는 독특한 비즈니스로 변신했듯이.

06

가격의 굴레를 벗어던져라

"나는 당신이 개를 임대할 수 있어야 한다고 생각한다."

— 조지 칼린

ALMOST
ALCHEMY

나는 다른 무엇보다도 가격 전략으로 많은 비즈니스의 이윤 개선에 영향을 미쳤다고 믿는다. 이것이 가능한 이유는 **대부분의 비즈니스 소유자가 '가격 겁쟁이'이기 때문이다.**

내가 쓴 NO B.S. 시리즈의 《가격 전략Price Strategy》에 이 문제가 자세히 설명되어 있다. 여기서는 개요만 간단히 소개하겠다. 일단 '가격 해방'이라는 주제에 초점을 맞춰보자. 그게 무슨 뜻일까? 대부분의 비즈니스 소유자는 규범과 표준과 공식이라는 아주 좁은 감방 안에서 가격을 생각한다. 이 감옥을 탈출하는 순간, 놀라운 변화가 생긴다.

오늘 당장 연금술을 실행에 옮기려면 어떻게 해야 할까? 가격을 올리면 된다. 단순하게, 혹은 창의적으로. 가격 측면에서 아주 불리한 입장인 두 가지 비즈니스, 즉 패스트푸드 레스토랑과 달러 스토어*를 생

---

* '다이소'류의 생활용품 할인점을 통칭한다.

각해보자. 달러 스토어 체인점은 최근 들어 크게 성장하고 있지만, 더욱 중요한 점은 그들이 1달러, 4~5달러, 9~10달러 가격대의 상품들로 수익률과 지속 가능성을 개선하고 있다는 점이다. 심지어 '5달러 미만*Five Below*'이라는 이름의 체인도 있다. 패스트푸드 체인은 1달러짜리 메뉴를 선보였지만, 이내 잔꾀를 부려 1달러, 3달러, 4~5달러짜리 메뉴와 함께 1달러짜리 메뉴를 묶어 3달러, 4달러, 5달러짜리로 만드는 수를 생각해냈다. 나는 이들의 상품 가격이 4.99달러나 9.98달러가 아닌 것만 제외하면, 그들의 전술에 전적으로 동의한다.

가격과 가격에 대한 소비자의 반응은 언제나 5와 10으로 딱 떨어지는 숫자에 민감하다. 이것은 전략적으로, 또한 전술적으로 적용해야 할 원칙이다.

알면서도 당한다
(우리가 무엇을 아는지는 중요하지 않기 때문이다)
—

아주 비싼 제품, 이를테면 고급 승용차에 '$89,995'라는 가격표가 붙어 있는 것을 볼 때, 우리는 한편으로 실소를 머금는다. '장난하냐? 90,000이면 90,000이지 89,995는 뭐야?' 하지만 우리의 뇌는 반올림으로 마지막이 0으로 끝나는 숫자보다는 10보다 작은 숫자에 긍정적으로 반응한다. 어쩔 수가 없다. 9.95달러나 9.97달러, 9.99달러 같은 가격표가 우리를 가지고 논다는 느낌이 들면서도 10.00달러라는

그 망할 멍청한 셈법을 당장 때려치워라

가격표를 대할 때보다는 한결 마음이 편하다. 내 몸의 모든 세포와 47년에 걸친 현장 경험을 걸고 단언하건대, 사람들이 무엇을 아는지, 어떻게 생각하는지보다는 어떻게 '느끼는지'가 훨씬 더 중요하다. 실제로 구매가 이루어지는 순간은 물론, 그 전과 후에도 마찬가지다.

모든 가격은 4와 5 사이에 멈추거나, 어차피 5를 넘어가야 한다면 8과 9 사이, 혹은 9와 10 사이로 정하는 올리는 것이 좋다. 중간에 멈출 이유가 없다.

개인적으로 나 역시 나 자신의 이런 조언을 충실히 따르는 편이다.

여러 해 동안 나의 하루 기본 상담료는 단골손님에게 1만 8800달러, 신규 고객의 경우는 1만 9400달러를 유지하고 있다. 나는 이것을 800달러, 혹은 400달러의 과외 수입으로 생각한다. 컨설턴트로서의 나는 조그만 1인 업체에 지나지 않아서, 대형 컨설팅 회사나 6명, 12명, 24명의 의사, 변호사, 회계사가 한 지붕 밑에서 일하는 또 다른 전문직 서비스 업체처럼 그 수입이 마구 불어나지는 않는다. 그래도 요즘 같은 시절에는 해마다 평균 10명의 신규 고객과 30명의 단골손님이 찾아오니, 1년에 총 2만 8000달러의 과외 수입이 생긴다. 대략 1.5일에 해당하는 수입이 일하지 않고도 들어오는 셈이다. 10년이면 세금 빼고 이자를 더해서 대략 25만 달러가 된다. 그 정도 푼돈 가지고 뭘 그러냐고 말하는 사람에게는 축하의 말을 건네고 싶다. 나에게는 푼돈이 아니다.

전성기 때는 내가 1년에 30~40회씩 연단에 서서 팔던 정보 상품인 '자석 마케팅 시스템'의 가격은 대부분 397달러였다. 전체 매출을 합치면 연간 100만 달러가 넘는 해가 많았다. 같은 상품을 직접 우편이나 각종 카탈로그 같은 다른 통로로 판매하기도 했다. 나는 가격을 395달러로 낮춰보기도 하고 399달러나 400달러로 올리기도 하면서 분할 테스트를 해보았다. 397달러에서 395달러로 내렸을 때는 판매 수량이나 청중 수 대비 구매 비율 등 모든 면에서 아무 차이가 없었지만, 397달러에서 399달러로 올렸을 때는 판매 수량이 약간 줄었고 끝자리를 400달러로 맞추자 판매 수량이 큰 폭으로 떨어졌다. 따라서 395달러와 397달러 사이의 2달러가 말하자면 눈먼 돈이었던 셈이다. 11년 동안 해마다 2500건이 팔렸으니 과외 소득은 5만 5000달러다. 누군가가 이것을 푼돈이라고 한다면 나도 고개를 끄덕일 수밖에 없다. '푼돈'이라는 게 정말로 존재한다면 말이다. 록펠러는 항상 주머니에 동전을 잔뜩 넣고 다니다가 거리를 헤매는 아이들을 보면 건네주곤 했지만, 길바닥에 떨어진 1센트짜리 동전 하나도 못 본 척 지나가는 법이 없었다고 한다. 놀라운 것은 가격을 297달러로 낮춰도 판매 수량에는 차이가 없었다는 점이다. 과외의 100달러에 11년간 판매된 2만 7500건을 곱하면 275만 달러가 되는데, 이것을 푼돈이라고 할 사람은 아무도 없을 것이다. 흔히 가격을 낮추면 그만큼 판매량이 늘어난다는 가정 아래 가격을 책정하지만, 사실은 꼭 그렇지만도 않다. 적당한 가격을 찾기 위한 실험을 해보면 시간이 지남에 따라 그 차이가 수백만 달러에 달할 수도 있다는 사실을 알게 된다.

바꿔 말해서 **가격을 찔끔 올리면 작은 이득을 볼 수 있겠지만, 가격을 지나치게 낮게 책정할 때의 손해는 엄청나다**는 뜻이다. 앞에서 인용했듯이 워런 버핏이 말하는 투자의 제1원칙은 '돈을 잃지 말라'다. 이것은 가격 책정의 제1원칙이기도 하다.

언젠가 내 고객 가운데 텔레비전 광고로 대량의 제품을 판매하는 사람이 있었는데, 그는 19.95달러에서 49.95달러까지 여러 가격대를 분할 테스트한 결과 29.95달러의 가격을 책정했다. 나는 그 사람에게 19.95달러를 두 번 지불하는 가격제를 제안했다. 이렇게 되면 단가는 10.00달러가 비싸지지만, 테스트 결과 한 번에 29.95달러를 받을 때보다 매출이 두 배 이상 늘어났다. 다음에는 24.95달러를 두 번 지불하는 가격제를 시험해보니, 이번에도 29.95달러를 한 번 받을 때보다 단가는 19.95달러가 높아졌음에도 불구하고 매출은 오히려 늘었다. 높아진 단가 19.95달러에 판매 수량 3만 개를 곱하면 차액은 59만 8500달러가 된다. 이윤율이 높지 않은 비즈니스에서 이 정도면 큰 차이다. 그 사람은 코카인이라는 아주 비싼 습관으로 곤욕을 치렀지만, 그것은 여기서 다룰 사안이 아니다. 그는 썩 정교하지 않은 분할 테스트(3장 참고)를 믿고 지나치게 낮은 가격을 책정한 결과, 1년에 50만 달러를 손해 본 셈이다.

직접 반응 텔레비전 광고의 거장 론 포페일Ron Popeil은 1960년대부터 1970년대에 걸쳐 소개된 '주머니 속의 낚시꾼', '깡통 속의 헤어 스프레이', "눌러 놓고 잊어버리세요!"라는 광고 문구로 유명한 소형 오븐 등 다양한 제품을 판매하면서 운송료shipping와 취급료handling를 정하는 비법을 개발했다. 그가 책정한 SH(운송료와 취급료)는 제품의 제조 원가에 실제 운송비를 합친 액수와 맞먹었다. 당시는 모든 사업체가 운송비만 청구하던 시절이었다. 론은 운송비를 부풀려 과외의 수입을 챙기는 수법의 창시자였던 셈이다. (경쟁자에게 치명상을 안기는) 아마존의 주도로 기저귀부터 가구까지 모든 제품을 무료로 배송하는 요즘 세상에는 맞지 않는 전략이지만, 여전히 가격 책정에 관한 한 논리를 한쪽 옆으로 치워놓아야 한다는 점을 보여주는 좋은 사례다. 논리와 가격의 분리는 그만큼 중요하다. 그렇다고 아무 생각 없이, 마음 내키는 대로 가격을 정하라는 뜻은 아니다. 10센트가 모여서 달러가 된다. 달러가 모여서 수십 달러가 된다. 규범과 공식, 혹은 공포에 사로잡힌 채 가격 문제를 생각하면 곤란하다.

수익은 훨씬 더 중요하다. 제품당 이윤, 서비스당 이윤, 고객당 이윤은 성장을 촉진하고, 비즈니스 소유자의 부로 돌아온다. 이윤을 내지 못해도 주식 가치가 증가해 창업자나 소유자가 부를 축적하는 대기업도 있다. 부정할 수 없는 사실이다. 그러나 이것은 타이어가 신통치 않은 자동차를 전속력으로 모는 것과 비슷하다. 머지않아 차는 멈춰서고 말 것이다. 이 글을 쓰는 지금, 일론 머스크(나는 이 사람을 바넘*조차 울고 갈 흥행사라고 생각한다)는 별다른 근거도 없이 자사 주식을 공매도하는 투자자를 위협한 혐의로 증권거래위원회SEC의 조사를 받는 등 심각한 곤경에 처해 있다. 이 사건의 결말이 어떻게 나건 간에,** 테

---

* P. T. Barnum(1810~1891). 미국의 기업인, 엔터테이너, 정치인, 사기꾼. 서커스단을 만들어 사회적 약자와 동물 등을 학대하는 공연으로 많은 돈을 벌었다. 2017년 국내에 개봉한 휴 잭맨 주연의 뮤지컬 영화 〈위대한 쇼맨〉이 이 사람의 일대기를 영화화했는데, 영화 자체는 성공을 거두었으나 실존 인물을 지나치게 미화했다는 비판을 받았다.

** 2000만 달러의 벌금과 테슬라 CEO 지위를 유지하는 대신 이사회 의장직에서 물러나는 것으로 마무리되었다.

슬라*Tesla*는 현재 혹은 미래의 이윤과 괴리된 기업 가치를 보여주는 대표적인 사례다. 대부분의 비즈니스 소유자는 그런 괴리를 감당할 사치를 누리지 못한다. 그들은 이윤을 내야 한다. 그러기 위해서는 최대한의 이윤에 우선순위를 두어야 한다. 이것이 가격에 초점을 맞추어야 할 이유이기도 하다.

가격은 원가와 판매가의 셈법을 극적으로 바꿔놓는다. 원가가 10달러인 제품을 20달러에 팔았다면, 마진율은 200퍼센트가 된다. 원가는 50퍼센트다. 만약 가격을 24.95달러로 올리면 마진율은 249퍼센트가 되어 25퍼센트 치솟는다. 원가는 그대로다. 이렇게 해도 판매량이 줄지 않으면 대성공이다.

가격은 비즈니스가 지나치게 쉽게 받아들이는 제한이 될 수도 있다.

총비용을 기준으로 가격을 책정하면 수익이 제한된다. 흔히 채택하는 가격 정책 가운데 최악은 원가를 기준으로 마진율을 계산하는 몇몇 업계의 표준을 그대로 따라가는 것이다. 이렇게 되면 원가가 가격을 좌우한다. **원가는 소비자의 가치 판단에 영향을 미치지 않는다. 소비자는 어떤 금액을 기꺼이 지불할 의사와 능력이 있느냐에 따라 가격을 판단한다.** 당신은 원가 5달러짜리 제품에 10달러, 100달러, 1000달러의 가격을 매길 수 있다. 원가는 무시하고 판매량에 부정적인 영향을 미치지 않는 한도 내에서 가능한 최대의 가격을 책정해야 한다. 물론 판매 이후 단기 이윤을 상쇄할 만한 문제점이나 치명적인 부작용이 나타나지 않을지는 신중히 따져보아야 한다. 원가보다 '터무니없이' 비싼 가격을 매길 수 있다면, 이것은 축하받을 일이지 죄책감을 느낄 일이 아니다. 터무니없는지 아닌지는 보는 사람이 판단할 문제고, 나는 아주 특별한 마진율을 목격할 때마다 위대한 예술 작품을 보는 감동을 느낀다.

07

장소 전략의 힘

"언제나 소들보다 상류에서 물을 마셔라."

— 텍사스 빅스 벤더

이 장에서는 고객을 어디서 찾아올 것인가에 관한 사고방식을 바꾸면 비즈니스의 성장 가능성이 이전보다 훨씬 더 커진다는 사실을 강조하고자 한다. 이런 것을 장소 전략Place Strategy이라고 한다. 장소 전략과 가격 전략 중에서 내 고객의 비즈니스에 더 큰 영향을 미친 것이 어느 쪽인지를 가려내기란 쉽지 않지만, 이 장소 전략이 아주 강력한 연금술과 맞먹는다는 사실은 확실하다. 이 연금술을 제대로 활용하면 아주 작고 초라한 비즈니스도 독창적인 대기업으로 성장할 수 있다. 이것이 연금술인 이유는 사고방식에 관한 문제, 즉 가상의 모든 장벽을 무너뜨리는 가장 효과적인 방법이기 때문이다. 그 출발점은 아주 간단한 팩트 하나를 온전히 이해하는 것이다.

돈은 움직인다

멍청한 정치인들은 돈이 움직인다는 사실을 애써 외면한다.

돈은 나무처럼 땅에 뿌리를 박고 있는 생명체가 아니라 새처럼 날개가 달린 생명체다.

최근에 한 대형 헤지펀드가 월스트리트를 떠나 내슈빌로 터전을 옮겼다. 터무니없이 높은 세금과 낮은 세금 중에서 어느 쪽을 선택할지를 생각하면 금방 답이 나온다. 이런 현상은 계속 이어질 것이다. 뉴저지와 캘리포니아는 부자와 기업의 집단 탈출을 경험하고 있다. 텍사스와 플로리다가 그들을 유혹한다. 웨스트버지니아에 석탄 광산을 여럿 가지고 있는 사람이 거주하는 곳은 세금이 없는 네바다주다. 비즈니스를 하는 곳과 거주지, 혹은 돈을 보관하는 곳이 다른 경우가 태반이다. 맙소사! 2018년, 시애틀은 대규모 고용주들에게 노숙자를 지원할 자금을 마련한다며 매년 종업원 한 사람당 500달러를 더 내라고 제안했다. 그러나 아마존과 스타벅스*Starbucks*가 자금과 일자리를 다른 곳으로 옮기겠다고 협박하자, 그 제안은 2주 만에 철회되었다. 두 거인이 배짱 좋게 나선 셈이다.

일하는 사람들도 이 점을 잘 안다. 정말 뛰어난 웨이터는 사장이 강제로 팁을 모아 직원들에게 분배하는 레스토랑을 떠나 자신의 남다른 기술과 인성과 태도로 더 많은 팁을 받을 수 있는 곳으로 자리를 옮긴다. 동일 경로에 대해 동일한 요금을 매기고 팁을 받지 못하게 하는 우버*Uber*의 평등주의에 기사와 고객 양쪽에서 불만이 터져 나온다.

사람들은 다음 세 가지가 옳다는 사실을 안다.

1. 기회는 사회주의를 이긴다.
2. 같은 일이라 해도 사람에 따라 처리하는 방식이 제각기 다르며, 따라서 당연히 보수가 달라야 한다.
3. 사람은 누구나 보다 좋은 기회를 찾아 옮겨갈 권리가 있다.

(주장1은 아주 위험한 공격을 받고 있다. 우리는 대학가에 침투한 극좌 사상으로 인해 '잃어버린 세대'를 경험했으며, 상당수의 젊은이가 사회주의와 공산주의의 경제 철학을 억압으로 이해하는 대신 긍정적으로 생각하는 경향을 보인다. 이것은 잘못된 교육의 폐해일 뿐이다. 그러나 지금은 기회와 개인의 야심을 중시하는 많은 사람이 지적으로, 혹은 직관적으로 거기에 반기를 들고 있다.)

돈도 이런 사실을 잘 안다. 돈은 끊임없이 움직이는 속성을 갖는다. 따라서 돈을 가둬두려는 시도는 통하지 않는다. 그보다는 돈이 최고의 생산성을 발휘할 수 있는 곳을 찾아야 한다.

이것은 지리적인 맥락일 수도 있지만, 그밖에도 많은 변수가 작용한다. 여기서 말하는 '장소place'는 물리적인 위치만을 의미하지 않는다.

몇 년 전, 나는 세율이 높은 주에 거점을 둔 기업들이 좀 더 우호적인 곳으로 사업체를 옮기거나 확장하도록 유도하는 오클라호마주의 마케팅을 강화하기 위해 컨설팅과 홍보 문안 작성에 참여했다. 당시 상무부 장관이던 래리 파만Larry Parman이 나를 영입했다. 그때 나는 돈의 유혹과 관련해 많은 것을 배웠다. 그때의 경험은 내가 오래전부터 알고 있던 원칙을 확인해 주었고, 그 내용을 요약해《기업가를 위한 부의 유혹Wealth Attraction for Entrepreneurs》에 실었다.

나는 또 다른 사실도 깨달았다. 기업 역시 사람처럼 쇼핑한다는 점이다. 앞으로도 성장을 계속하리라는 자신감에 충만한 대기업은 다음에 옮겨갈 곳을 찾는 일을 전담하는 정규직원을 보유한다. 그렇지 않은 기업은 필요에 따라 쇼핑을 전담할 프로젝트 팀을 구성한다. 소비자와 마찬가지로 그들 역시 아무리 단순해 보이는 일도 단순하게 결정하지 않는다. 논리적, 경제적, 재정적, 정서적 요소가 그들의 결정에 영향을 미친다. 처음에는 마음에 들지 않는 요소를 찾는 일부터 시작한다. 현재의 위치는 타성에 젖어 매력이 떨어지니, 다른 곳으로 눈을 돌리고 싶은 유혹이 커진다. 새로운 비즈니스를 유치하기 위해 세금 혜택을 주는 등 재정적인 인센티브를 선물하는 경쟁을 벌이는 주들이 많지만, 어리석게도 이미 그곳에 뿌리내린 기업에 인센티브를 선물할 생각은 하지 않는다. 모든 주는 내가 오클라호마에서 참여했던 것처럼 신규 비즈니스를 유치하기 위한 마케팅 활동을 벌인다. 기존 기업이 다른 주로 떠나지 않고 성장과 확장을 이어가도록 동기를 부여하는 마케팅 활동을 하는 주는 하나도 없다. 어떤 기업이 떠나겠다고 발표하면 그제야 부랴부랴 붙잡으려고 허둥거리지만, 이미 때는 늦은 경우가 많다. 이미 보따리를 다 싸서 현관 앞에 내놓았고, 택시가 기다리고 있다. 그런 사람을 붙잡기란 여간 어려운 일이 아니다.

간단히 말하면, 나는 주정부에서도 비즈니스에서와 비슷한 아둔함을 발견했다. 그들은 고객과 그들의 돈이 언제까지나 지금 자리에 머물 것이라고 전제하며, 그들을 붙잡아두기 위해 노력해야 한다는 주장에 반감을 드러낸다.

주정부는 기업을 유치하기 위해 막대한 홍보 예산을 배정하지만, 기존의 대기업과 유망한 신생 기업, 이미 그 지역에 거주하는 CEO와 기업가를 눌러앉히기 위해 《월 스트리트 저널》에 매달 전면 광고를 낼 예산은 배정하지 않는다. 새로 전입하는 기업에 혜택을 제공할 예산과 입법 조치를 마련할 준비는 되어 있지만, 한 곳에서 창립 50년, 100년 기념일을 맞이하는 기업에 상을 줄 예산과 입법 조치는 없다. 어떤 주에 자리 잡은 대기업이 그 주의 입법부에 영향력을 행사하는 것은 당연한 일이지만, 그들은 앞으로 5년 동안 새로 전입한 기업이 누리는 여러 혜택을 구경조차 하지 못한다. 이런 사고방식은 돈이 한자리에 가만히 눌러앉아 꿈쩍도 하지 않는다는 전제를 깔고 있다. 엄청난 착각이다.

돈은 그냥 움직이기만 하는 것이 아니다, 이제는 전 세계로 움직인다.
요즘은 인터넷이라는 게 있어서 예전에 전화나 항공, 페덱스 등의 발명품이 지구의 반경을 좁힌 시절보다 훨씬 더 빠르고 근본적으로 세상을 바꾼다. 옛날에는 동네마다 빵집이 있었다. 지금은 그 빵집이 전 세계로 컵케이크를 배송한다. 당신의 고객이 반경 5킬로미터 안에 있다는 보장이 없다. 범위를 50킬로미터로 늘려도 마찬가지다. 심지어 당신과 같은 나라 안에 있다는 보장도 없다. 내가 설립하고 운영한 'NO B.S. 이너 서클'은 북미 전역의 회원을 대상으로 했지만, 세계 각국의 회원 수가 미국의 회원 수와 맞먹을 정도다. 솔직히 말해서 이는 소유자의 현명한 투자와 집중력, 노력의 결과라기보다, 그저 시장의 힘에 편승한 결과에 가깝다. 미국의 수많은 비즈니스가 비슷한 상황에 처해 있다. 국경을 초월하는 성장은 우연적인 요소가 좌우하는 경우가 많다. 우리는 반드시 이런 현실에 귀를 기울여야 한다.

돈의 움직임을 따라잡기 위해서는 장소 전략이 필요하다.

예를 들어 사치품의 경우, 최고의 시장은 아시아다. 자동차 회사 가운데 두 군데는 오로지 베트남에서만 판매하는 여섯 자리 숫자의 가격표가 달린 모델을 생산한다. 내 또래들은 지금도 베트남이라고 하면 쌀국수와 탱크에 앉아 있는 제인 폰다*를 떠올린다. 시대에 뒤떨어진 생각이다. 세상은 변했고, 베트남도 변했다. 기업가는 낡아빠진 '비주얼'을, 낡아빠진 세계관과 지역주의를 벗어 던져야 하고, 문화를 초월하는 마케팅과 국제 무역에 대한 비합리적이고 케케묵은 근심을 떨쳐 버려야 한다. 뉴저지에 위치한 체리 힐 컨트리클럽의 골프 코치는 '스카이프'나 '줌'으로 도쿄나 사이공의 골퍼를 가르칠 계획을 세워야 한다. 그래야 훨씬 많은 돈을 벌 수 있다. 모든 비즈니스 소유자는 이런 창의적인 사고에 익숙해져야 한다.

우리를 구속하는 것은 우리 자신의 사고방식 말고는 아무것도 없다.

요즘은 코딱지만 한 비즈니스도 자기 지역이 아니라 세계 시장을 겨냥하며, 적어도 전국 시장을 겨냥해야 한다. 그러나 '장소 전략'과 돈이

---

* Jane Fonda(1937~). 반전운동에 심취했던 제인 폰다는 베트남 전쟁 당시 하노이를 방문해 미군 전투기를 조준하는 대공포에 올라가 미국을 맹비난하는 발언을 쏟아냈고, 이로 인해 많은 미국인은 그녀를 매국노, 반역자로 비난했다.

　　　　　　　　　　　그 망할 멍청한 셈법을 당장 때려치워라

최고의 생산성을 발휘하는 곳을 찾는 과정은 물리적인 장소의 개념에 묶여 있을 때보다 훨씬 더 다양하고 창의적인 상상력을 요구한다.

미디어 전략은 장소 전략의 한계를 극복한다

미디어는 다양한 장소 전략의 기회를 제공한다.

광고가 본업인 나는 필연적으로 '미디어족'이다. 비즈니스 소유자와 기업 지도자들은 대부분 그렇지 않다. 그래서 그들은 동료와 경쟁자와 똑같은 방식으로 미디어를 사용하려 하는 경향을 보인다. 그렇게 하면 그들의 비즈니스는 아주 좁은 공간에 갇힐 수밖에 없다. '당신의 경쟁자들이 우리에게 많은 돈을 쓰고 있으니 당신도 그렇게 해야 한다'는 말도 안 되는 유혹으로 같은 범주의 모든 경쟁자에게 똑같은 미디어를 파는 사람들의 먹잇감이 되기 마련이다. 모든 아이가 높은 절벽에서 바닥이 훤히 들여다보이는 얕은 웅덩이로 뛰어내린다고 당신도 똑같이 따라 할 것인가? 당신은 스스로 생각할 능력이 없는 사람인가?

나는 홈 비즈니스로 금팔찌를 팔던 골드 바이 더 인치*Gold by the Inch*라는 영세 업체의 광고를 잡지에서 9년 연속으로 방영된 30분짜리 텔레비전 인포머셜로 옮겨 백만장자로 만드는 실적을 거두었다. '프로액티브'라는 여드름 치료제를 100퍼센트 텔레비전 인포머셜로만 판매해 거의 20억 달러의 매출을 기록하는 비즈니스로 성장한 거시-

렝커도 규모는 크지만 전략은 비슷하다. 두 사례 모두에서 미디어 장소 전략(어디를 공략하고 어디를 포기할 것인가)은 가치를 창출해낸 일등 공신이다. 사실 금팔찌를 만드는 업체는 수없이 많고, 금팔찌는 금팔찌일 뿐이다. 미묘한 뉘앙스의 차이가 있기는 하지만, 여드름 연고는 여드름 연고일 뿐이다. 둘 다 가까운 타깃*Target* 매장에 가면 얼마든지 찾아볼 수 있다. 이 두 비즈니스는 제품이 아니라 '장소'로 차별화에 성공했다.

여기서 연금술이 작동하는 방식은 두 가지다. 첫째, 동일 업종의 모든 사람이 모여드는 미디어 장소를 피한다. 이것만으로도 돈이 보이기 시작한다. 상품을 한 곳에서 빼내면 다른 곳으로 가져갈 수 있다. 자동차가 잔뜩 밀려 누가 더 크게 경적을 울리나 시합이라도 하는 듯이 복잡한 도로를 벗어나 훨씬 더 한적하기는 해도 잠재 고객의 발길이 끊이지 않는 곳으로 옮겨 가면, 광고의 효과가 훨씬 증폭된다. 이제 남들보다 더 크게 경적을 울리느라 광고비를 낭비하는 대신, 고객의 관심을 끌기 위한 경쟁에 집중하면 되는 것이다. 따라서 비용 가운데 훨씬 큰 비중을 본연의 업무에 투입할 수 있다. 둘째, 당신의 돈은 경쟁자들이 몰려오기 전에 당신의 메시지를 잠재 고객에게 제시할 수 있다. 소비자의 관심과 구매욕이 나타나기를 기다리는 대신, 당신 스스로 그것을 '창출'할 수 있기 때문이다.

항공기 기내 잡지와 라이프스타일 잡지 등의 광고를 적절히 활용하면 의료 서비스 같은 단순한 비즈니스도 물리적 장소의 한계를 벗어나 전국 각지의 환자를 유치할 수 있다. 호르몬 요법, 손목 터널 증후군 치료법, 노화 방지 요법 등의 분야에서 실제로 이런 일이 벌어지고 있다. 의료인이 여행, 라이프스타일, 금융 등의 영역에서 두각을 나타내는 잡지에 전면 광고를 실으면, 환자가 질병이나 건강상의 문제를 발견하고 해당 분야의 전문가를 검색할 때까지 기다리지 않아도 된다. 이런 광고 전략을 구사하는 의료인은 잠재 고객의 수요에 한발 앞서 선수를 침으로써 일반적인 소비자의 행동을 기다리는 대신 흥미와 욕구를 창출하는 셈이다. 그들은 사람들이 많이 다니지 않는 길목에 광고비를 투입한다. 잠재 고객이 어느 쪽을 먼저 찾아갈지는 보지 않아도 뻔하다.

미니애폴리스에 거주하는 환자가 자기 동네의 유명 종합병원이나 실력 있는 전문의를 찾아가는 대신, 전국 규모의 광고에서 소개된 '마법사 같은 의사'를 찾아 휴스턴까지 날아가는 상황이 무엇을 의미하는지 생각해보자. 그 환자는 누가 강요하지도 않는데 자발적으로 15분 대신 5시간의 이동 시간을 선택했다. 돈의 이동성이 원래 있던 장소를 떠나 새로운 곳으로 옮겨갈 결심을 한 것은 현지의 의사보다 타지의 의사가 더 좋은 치료법을 알고 있고, 지역 미디어와 지역 시장을 벗어나지 못하는 의사보다 전국 규모의 미디어가 갖는 권위와 직접 반응 광고의 효과를 이용할 줄 아는 의사가 더 믿을 만하다고 판단했기 때문이다. 이것은 전혀 다른 차원의 장소 전략이다. 이렇게 되면 가격과 수수료의 탄력성이 보장된다. 이 의사가 동네 의사보다 훨씬 높은 시간당, 시술당, 환자당 진료비를 청구하는 것은 아주 자연스러운 일이다. 진료 한 번에 얼마를 받는 것이 아니라 여러 달에 걸친

'패키지 프로그램'을 판매할 수도 있다. 이 의사는 장소 전략을 통해 우리가 6장에서 살펴본 가격 혁명을 달성하는 셈이다.

여러 측면에서 이것은 아주 오래되고 고전적이지만 현실에 적용 가능한 성공 철학이다. 1959년에 처음 출간된 데이비드 슈워츠David Schwartz의 베스트셀러《크게 생각할수록 크게 이룬다The Magic of Thinking BIG》는 원칙과 현실/기회의 관계를 설명한다. 원칙은 '큰 성공을 이루려면 크게 생각하라'이다. 현실/기회는 '거의 모든 사람은 작게 생각한다'이다. 크게 생각하는 습관을 들이면 많은 기회가 찾아온다. 워낙 보편적인 이분법이라, 영화 〈내일을 향해 쏴라〉에도 등장한다. 트럼프 전 대통령도 이렇게 언급한 바 있다. "귀찮더라도 생각이라는 것을 하려면, 이왕이면 크게 하는 것이 좋다."

마케팅과 관련해서는 기본적으로 두 가지 큰 생각이 있다. 첫째, 다른 사람과 비슷하게 보이지 마라. 둘째, 다른 사람과 비슷하게 보이지 말고, 이왕이면 무대를 독차지하라.

아무도 예상하지 못한 곳으로 가라
그리고 무슨 일이 일어나는지 지켜보라!
—

범주를 초월하는 미디어와 판매처는 상상력이 허용하는 온갖 크고 다양한 기회의 장을 제공한다.

앞서 언급한 여드름 연고는 약국 선반과 잡지 광고에 자리해야 제격이지 30분짜리 텔레비전 인포머셜과는 어울리지 않아 보인다. 금 팔찌는 보석상이나 전자상거래 사이트에서 파는 게 정상이지 비즈 니스 기회의 토대로 포장되어 호텔 로비나 애마 경연 대회, 중고 시 장이나 벼룩시장 같은 '엉뚱한' 곳에 등장한 번개 매장과는 어울리지 않아 보인다. 마찬가지로 스테이크와 햄버거는 동네 정육점이나 슈 퍼마켓이 제격이고 오마하 스테이크Omaha Steaks처럼 전국 규모로 텔 레비전, 라디오, 인쇄 매체, 온라인을 통해 주문받아 주문받아 페덱스 Fedex로 배송하는 시스템은 낯설다. 여러 제품군을 꼼꼼히 살펴보면 그런 식으로 상식을 파괴하고 유행을 선도함으로써 커다란 성공을 거둔 선구자들이 눈에 띈다.

미래의 '트로피 와이프' 또는 이상적인 배우자를 찾는 부유한 남성 들이 고가의 수수료를 아끼지 않는 '고품격' 결혼 중개업소는 클래식 자동차 잡지에 광고를 낸다. 앞서 언급한 노화 방지 의료 서비스를 제공하는 세네제닉스Cenegenics도 마찬가지다. 내 고객인 하이포인트 대학High Point University은 입학 후보생과 그 부모들을 대상으로 하는 멋진 잡지를 만들어 전용기를 이용하는 사람들을 위한 운항지원사업 자Fixed Base Operator, FBO휴게실에 비치한다. 역시 앞에서 소개한 프로 액티브 역시 각 지역의 옐로 페이지의 '피부과' 항목에 광고를 싣는 다. 하나같이 범주 초월 광고의 대표적인 성공 사례다.

비전통적인 유통 채널과 장소 역시 강력한 위력을 발휘할 수 있다. 클리블랜드 클리닉Cleveland Clinic은 독립적으로 운영되던 응급 치료 센터를 폐쇄하고 호비 로비Hobby Robby와 월마트 같은 인기 있는 매장부근의 통행량 많은 쇼핑센터에 '소매' 익스프레스 클리닉*Express Clinics*을 열었다. 온라인에서 한계에 부딪힌 블루 에이프런*Blue Apron*은 코스트코*Costco*를 통한 유통을 실험하고 있다.

나는 마주馬主이기도 해서 오하이오의 경주마 경매에 가끔 참석한다. 경매장에는 항상 경주마와 관련된 매대와 전시가 설치되는데, 유독 눈길을 끄는 것은 말과 아무 관계가 없는 보석 가게다. 듣자 하니 이 보석 가게가 매출 규모나 면적 대비 이윤율에서 다른 매장들을 압도한다는 것이다. 사정은 이렇다. 내가 경매장으로 가려고 나서면, 아내가 묻는다. "설마 또 말을 사 오는 건 아니겠죠?" 이때는 이렇게 대답해야 정답이다. "당연하지. 그냥 랠프가 같이 가자고 해서 가는 것뿐이야." 물론 랠프도 똑같이 대답한다. 나와 랠프뿐 아니라 기혼자는 누구나 마찬가지일 것이다. 한 손에 새로 산 말 고삐를 들고 집으로 돌아올 때, 다른 한 손에는 다이아몬드 팔찌가 들려 있어야 뒤탈이 없다. 경매장에 보석을 파는 가게는 한 군데밖에 없으니, 그 사람은 굳이 '공짜 귀고리'를 끼워주지 않아도 아주 좋은 가격으로 보석 판매를 독점한다. 이는 범주 초월 장소 전략의 아름다운 사례 가운데 하나다.

'새롭고 좋은 곳'과 '더 비옥한 밭'을 찾아 두 눈을 크게 뜨고 창의적인 사고에 집중하며 언제든 옮겨갈 준비를 하지 않으면, 당신의 돈도 움직이지 않는다. 돈이 당신과 함께 한 자리에 가만히 머물러 있건 안타깝게도 당신의 곁을 떠나건 간에, 결과는 비슷하다. 당신은 돈을 잃는다.

'아마존의 시대'를 맞아 이 철칙은 더욱 중요해졌다. 나는 고객들에게 이렇게 경고한다. 당신의 비즈니스가 아마존이 진입할 수 있는 분야이고, 돈이 되는 분야라면, 머지않아 아마존에 잡아먹힐 것이다. 아마존은 이미 시장의 지배자로 자리 잡았다. 가격 분쇄자요, 이윤 파괴자다. 그러나 아마존은 전적으로 검색에 의존한다. 실제로 아마존이 곧 검색 엔진이라 해도 지나치지 않다. 그들은 말 경매장에 보석 가게를 차릴 수 없고, 차리지도 않을 것이다. 당신의 생존은 아마존과 그 사촌들이 하지 않는, 혹은 하지 못하는 범주 초월의 성패에 달려 있다.

개인적으로 나는 46년 넘게 이 일을 해오면서 결정적이고 급격한 '이동'을 몇 번 경험했다. 아주 초창기에 있었고, 가장 최근은 2018년이었다. 그때마다 몸도 마음도 편하지 않았다. 그러나 결과는 하나같이 거의 연금술 수준이었다. 과감하고 선제적인 움직임은 돈을 불러온다. 쇠붙이를 끌어당기는 자석과 같다. 한 번은 1년에 100만 달러의 수입과 450만 달러의 공짜 광고가 보장되던 자리를 박차고 나왔다. 그 정도의 수입과 광고를 무엇으로 대체할지 뚜렷한 확신이 없는 상태였다. 하지만 금세 또 다른 쇠가 뻘겋게 달궈지면서 새로운 기회가 찾아왔고, 내가 잃을 뻔한 수입과 광고를 복구할 수 있었다. 무모함과 신념이 종이 한 장 차이라는 점은 나도 인정한다. 그러나 고인물은 의미를 잃고 썩어가기 마련이다. 직감이 꿈틀거리기 시작하면, 거기에 대해 뭔가를 해야 한다. 움직여야 한다.

코스만 방법

조셉 코스만E. Joseph Cossman은《누구나 나처럼 우편 주문으로 100만 달러를 버는 법How I Made $1-Million in Mail-Order and You Can Too》이라는 제목의 책이 200만 부 넘게 팔려나가면서 유명 인사가 된 인물이다. 그러나 이 책은 제목이 잘못되었다. 그가 우편 주문이라는 기회를 제대로 활용한 것은 사실이지만, 사실 그는 요즘 '다채널 유통'이라 불리는 기법의 선구자였기 때문이다. 더욱 중요한 점은 25가지가 넘는 그의 초대박 제품이 20여 년에 걸쳐 줄줄이 성공을 거둘 수 있었던 이유가 하나의 특정한 '방법' 덕분이라는 점이다. 그는 한 곳에서 '죽은', 혹은 실패한 제품을 찾아내 전혀 다른 곳으로 옮겨놓는 창의성을 발휘했다. 그가 새롭게 만들어낸 제품은 하나도 없다. 그는 단지 장소를 옮겼을 뿐이다.

나는 캘리포니아 팜 스프링스에서 풍족한 노후를 즐기던 반 은퇴 상태의 그와 친분을 맺게 되었다. 우리는 두어 차례 소소하지만 아주 흥미로운 프로젝트를 함께했다. 그 몇 년

그 망할 멍청한 셈법을 당장 때려치워라

동안, 내가 '코스만 방법'이라 이름 붙인 비법을 그에게 속속들이 배웠다. 그것은 우아하리만치 간단하면서도 독창적인 방법이었다.

그가 가장 큰 성공을 거둔 작품은 '개미 농장'이라는 제품이었다. 조 코스만이 처음 성공을 거둔 지 수십 년이 지난 지금도 그 수정판이 여전히 건재하다. 나와 비슷한 연배의 독자라면 누구나 침실 서랍장 위에 이 '개미 농장'을 하나쯤 간직해 어머니에게 걱정거리를 안긴 기억이 있을 것이다. '개미 농장'은 앞뒤가 투명한 얇은 플라스틱 상자 속에 흙을 채우고 개미를 넣어 그 개미들이 굴을 파며 이리저리 돌아다니는 모습을 지켜볼 수 있도록 만든 제품이다. 땅속에서 생활하는 개미들을 생생히 관찰할 수 있다. 뒤에 원본을 소개할 조그만 우편 주문 광고가 이 제품의 스토리를 말해준다.

덧붙이자면, 조는 실제로 제품의 생산에 들어가기 전에, 혹은 독점 라이선스 계약을 앞두고 제품의 시장성을 시험하기 위해 그런 종류의 광고를 종종 활용하곤 했다. 소비자에게 직접 전달되는 광고의 결과는 유통업자, 전통적인 소매업자, 카탈로그 제작업자를 설득해 제품을 홍보하는 데 활용되기도 했다. (그와 똑같은 전략이 얼마 전부터 제품을 소매업체로 밀어 넣는 텔레비전 인포머셜과 직접 반응 광고의 전형으로 자리 잡았다.) 조가 자신이 원하는 실제 판매 가격보다 훨씬 낮은 가격으로 순전히 제품의 시장성만을 시험하는 방법을 동원했다는 점도 눈여겨볼 만하다. 조는 눈이 번쩍 뜨일 만한 광고 문안을 작성하기 힘든 제품은 유통 채널에서도 찬밥 신세가 될 수밖에 없다고 믿었다. 대개는 그의 제품이 소매상의 선반에 올라갈 때, 제품 상자의 문안은 광고 문안에서 따온 것이었다.

조가 처음 발견했을 때만 해도 '개미 농장'은 속 빈 강정 같은 제품이었다. 학교에 교육 용품을 납품하는 업체에만 판매되었고, 초등학교나 고등학교의 생물, 혹은 지구과학 선생님들이 교실에서 사용할 목적으로 구입할 뿐이었다. 그러다 보니 판매 수량은 지극히 제한적이었고, 한참 동안 그런 상태를 벗어나지 못했다. 조는 원기 왕성한 남자아이라면 누구나 벌레를 좋아하고, 보이지 않는 땅속에 서식지를 만들어가는 비밀을 일종의 리얼리티 쇼처럼 받아들일 거라고 생각했다. 이런 제품을 왜 교실에만 가둬놓아야 하는가? 조는 아이들이 수족관을 얼마나 좋아하는지 떠올렸다. 벌레는 수족관보다 더 매력적이었다. 벌레 수족관은 어떨까?

'개미 농장'은 엄청난 성공을 거두었다. 우편 주문, 만화책과 카탈로그 광고로 판매되기도 했지만, 전국의 모든 장난감 가게와 백화점을 파고들었다. 텔레비전과 인쇄 매체에 소개되어 인기를 끌기도 했다. 그 시절에 인스타그램과 페이스북, 유튜브가 있었더라면 더 기세를 올렸을 것이다.

어쩌면 당신이 가진 상품이나 서비스 중에 지금은 밥값을 하지 못하지만 '개미 농장'처럼 장소의 변경만으로 엄청난 가치를 드러낼 후보가 숨어 있을지도 모른다. 혹은 성공을 거두지 못한 다른 누군가의 제품을 가져오기에 더없이 이상적인 고객층과 유통 채널을 당신이 가지고 있을 수도 있다. 어느 쪽이든, 코스만 방법이 당신의 고민을 해결해 줄지도 모른다.

오리지널 광고 문안

매혹적인 '개미집' 단돈 2.98달러

개미를 위한 집? 아이들을 위한 개미집? 그렇습니다, 엄마 아빠도 함께 즐길 수 있습니다! 땅 위의 개미는 물론, 땅속으로 들어간 뒤의 개미들을 관찰하세요. 열심히 굴을 파고 짐을 옮기는 일개미, 동료들을 위해 보급품을 저장하는 살림꾼 개미, 아기를 보살피는 유모 개미도 보입니다. 투명한 플라스틱 벽을 통해 이 매혹적인 개미의 세계를 생생히 지켜볼 수 있습니다. 집과 모래, 모래톱, 탁상용 받침대를 포함해

2.98달러입니다.

　주문처: 코스만 컴퍼니, 사서함 XXXX, 팜 스프링스, 캘리
포니아 92263.

　그 망할 멍청한 셈법을 당장 때려치워라

세일즈 관리에 관한
몇 가지 조언

샌디에이고의 어느 걸스카우트 대원이 마리화나 판매점 앞에 테이블을 놓고 채 5시간이 안 되어 쿠키 300상자를 파는 기록을 세웠다. 이 사례에는 아주 중요한 교훈이 들어 있다. 뛰어난 세일즈피플일수록 그들이 능력을 발휘할 수 있는 곳에 배치해야 한다. 언젠가 성과를 올리기를 막연히 기다려서는 안 된다. 그것은 경주마에게 자기가 먹을 건초를 들판에서 직접 긁어모으라고 하는 것과 마찬가지다. 세일즈 관리의 실패 사례는 수없이 다양하지만, 가장 대표적인 것이 세일즈피플을 잘못 활용하는 것이다.

제대로 된 세일즈 관리는 '자산 관리'의 한 부분이다. 당신이 가진 모든 것, 즉 사무실이 자리한 부동산에서 생산 능력, 리드 플로우와 매장의 방문자 수와 고객 명단, 세일즈 팀, 당신 자신의 기술과 시간에 이르는 모든 것으로부터 어느 정도의 수익을 끌어낼 것인지가 여기에 따라 달라진다. 똑같은 자산을 가지고 어떤 기업가는 막대한 부를 일구고, 어떤 기업가는 먹고살기에 급급하다. 비즈니스 소유자 중에는 이미 가지고 있는 자산을 어떻게 활용할지에 집중하기보다 더 많은 광고, 미디어, 고객, 세일즈피플을 확보하려고 애쓰는 사람이 너무 많다. 사업체 중에는 회수하는 수익만큼이나 회수하지 못하고 방치되는 수익이 많다.

세일즈 관리는 세일즈피플을 관리하는 일이라고 잘못 생각하는 경우가 많은데, 그보다는 장소와 프로세스를 관리해 그들이 잠재력을 최대한 발휘하도록 돕는 일이다. 그들이 당신의 제품을 구매할 가능성이 큰 잠재 고객과 직접, 혹은 전화상으로 접촉할 수 있도록, 모든 근무 시간을 일에 집중할 수 있도록 해야 한다. 이것은 그들이 자기 자신의 생각이나 장치를 가지고 고객을 찾아 헤매고 다니지 않도록 해야 한다는 뜻이다. 만약 20명의 걸스카우트 대원에게 쿠키를 판매하라는 임무를 맡기고 그냥 놔두면 어떻게 될까? 부모님에게 도움을 청하거나, 부모님의 직장에 주문서를 돌리거나, 이웃집을 찾아가거나, 집 앞에서 레모네이드를 파는 꼬마처럼 가판대를 차리거나, 심지어 슈퍼마켓 앞에서 쿠키를 팔려 할 것이다. 그보다는 상식과 창의적인 사고를 혼합해 두 명씩 짝을 지어 마리화나 판매점 앞에 가판대를 설치하도록 하면, 다른 아이들이 몇 주 동안 사방을 돌아다니며 판 것보다 훨씬 많

그 망할 멍청한 셈법을 당장 때려치워라

은 매출이 한 군데에서 일어날 것이다.

　내 친구 제이 에이브러햄Jay Abraham의 말처럼, 어차피 다 활용하지도 못할 '새로운' 것과 '더 많은' 것에 눈독을 들이기 전에 자신이 가진 것에서 모든 것을 뽑아내는 일에 집중해야 한다.

당신이 기록해야 할
유일한 점수는 세일즈다

"새로운 기초란 없다.
누군가가 새로운 기초를 찾았다고 주장하면,
일단 의심부터 해봐야 한다.
그것은 골동품을 제조하는 공장을 견학시켜주겠다는
초대장이나 다를 바 없다. 지갑을 조심하라."

— 로버트 브라우닝

말도 안 되는 '새로운 메트릭스'의 새로운 문제점 그리고 돈 이외의 보상을 기대하는 낡은 문제점

이 두 가지, 혹은 어느 한 가지가 침투하면, 그 비즈니스는 동화의 나라가 되어 버린다. 너무 쉽게 그 유혹에 넘어가는 경우가 많다. 모두가 트로피를 받는 사회는 비싼 대가를 치른다.

새로운 메트릭스는 가짜 뉴스다.

소셜 미디어를 홍보하는 사기꾼들은 자기네 미디어와 방법론으로 가짜 성공의 수단을 만들어내는 데 앞장선다. 좋아요, 조회수, 바이럴, 참여도, 리트윗, 시청 시간, 기타 등등. 이런 것들은 실망스러운 결과를 분석해 세일즈 프로세스 전체를 통틀어 어디를 수리하고 교체해야 할지, 혹은 어떤 특정한 단계가 만족스러운 결과를 끌어내는지를 가려내는 데는 유용할지도 모른다. 그것을 알면 다른 제품이나 서비스나 프로세스에서도 비슷한 결과를 얻을 수 있기 때문이다. 그러나 이런 메트릭스는 그 자체만으로 결과물이 아니다. 정원용 호스를 사서 차고에 넣어둔다고 앞마당이 저절로 물기가 촉촉하고 건강한 잔디밭으로 변하지 않는 것과 마찬가지다. 간단히 말해서, 은행 계좌에 넣을 수 없는 것은 결과물이 아니다. 많은 직원, 컨설턴트, 그 밖의 여러 사람이 그렇지 않다고 당신을 설득하려 들 것이다. 다들 제정신이 아니다.

1980년대, 위기에 빠진 크라이슬러 자동차의 구세주로 등장한 리 아이아코카Lee Iacocca는 나에게 직접 이런 얘기를 들려주었다. 임원 세 사람을 한 사람씩 자신의 집무실에 불러 무엇이 자동차 한 대의 판매를 유발하는지 도표를 그려 설명해달라고 요구했다. 설명하지 못한 두 명은 즉시 해고되었다. 사람이나 미디어에 투자할 때는 이것이 유일하게 합리적인 접근이다. 당신은 그것이 판매를 유발한다고 입증할 수 있는가?

없다면, 때려치워라.

통계만 가져오고 세일즈 결과를 가져오지 않는 사람은 당신에게 가짜 뉴스를 가지고 오는 사람이다.

유일한 진짜 뉴스는 세일즈다

모든 관심을 점수판의 숫자로 돌려놓는 순간, 당신의 비즈니스에 연금술이 시작되어 모든 활동, 모든 투자, 심지어는 모든 종잇조각이 돈으로 변신한다. 점수판에 기록되는 유일무이한 득점에 집중하는 원칙을 고수하면 합리적인 판단과는 거리가 먼 멍청한 사람들이 당신을 싫어하겠지만, 그러거나 말거나 점수는 꼬박꼬박 쌓인다.

실제로 있었던 일을 하나 소개한다. 어느 비영리 단체가 전통적인 활동 대신 온라인과 소셜 미디어를 통해 150만 달러를 모금한다는 목표를 세웠다. '진정한 21세기로 진입한다'는 목표를 달성하기 위해 세 사람의 직원으로 구성된 팀이 두 군데의 외부 기관과 협력해 페이스북, 인스타그램, 유튜브 같은 플랫폼은 물론 강력한 웹사이트를 구축해 '콘텐츠 마케팅'에 열을 올렸다. 1년이 지나자 이 팀은 CEO와 이사회 앞에서 장장 2시간에 걸쳐 온갖 그래프와 도표로 장식된 화려한 프레젠테이션을 선보였다. 방문수, 조회수, 참여도, 입소문 등 새로운 메트릭스를 총동원해 그동안의 성과를 보고하는 자리였다. 그러나 신규 기부자의 숫자는 꾸준히 유지된 반면 그들의 평균 기부 액수는 무려 30퍼센트가 떨어졌고, 기존 기부자의 기부 금액 역시 10퍼센트 감소했으며, 달러로 환산할 수 있는 투자 대비 수익률의 긍정적인 지표는 하나도 나오지 않았다. 팀의 구성원들은 놀라운 성과를 거두었다며 잔뜩 흥분했지만, 점수판에 기록된 점수는 형편없는 수준이었다. 그날 자로 팀이 해체되고 프로젝트 자체가 폐기되었으며 외부 협력업체와의 계약도 종료되었다. 그들이 받았을 충격을 상상해보라.

사람들이 자기 자신의 게임을 만들어내고 자신의 마음에 드는 방식으로 점수를 기록하도록 허용하면, 이런 사태가 생길 위험이 농후하다.

나는 지금 온라인이나 소셜 미디어에 반감을 드러내려고 이런 이야기를 하는 것이 아니다. 나는 미디어에 관한 한 불가지론자에 가깝다. 이것은 비상식에 대한 저항이다. 어떤 미디어, 어떤 투자에도 자유이용권을 허용하면 안 된다. 모든 미디어, 모든 투자는 달러의 형태로 가차 없이 책임을 져야 한다.

최근에 열린 'NO B.S. 이너 서클' 회원 세미나에 초청 연사로 참석한 앨런 도안Alan Doan은 아주 효과적인 미디어 플랫폼인 유튜브의 스타로 발돋움한 어머니와 함께 퀼트 사업으로 수백만 달러를 벌어들이는 놀라운 성과를 거두었다. 나는 또 비슷한 시기에 NO B.S. 소식지에 소셜 미디어와 유튜브에서 큰 성공을 거둔 것으로 알려진 인물과 관련한 특집을 실었는데, 그는 화려한 명성에 비해 경제적으로는 별다른 성과를 거두지 못했다. 이 두 가지 사례를 비교하면 유튜브를 어떻게 활용해야 할지 윤곽이 드러난다. 다른 미디어도 모두 마찬가지다. 사실과 수익에 기준을 두고 상황에 따라 철저한 검증을 거쳐야 한다는 점이 중요하다. 미디어에서는 보편적인 '좋다'와 '나쁘다'의 기준이 존재하지 않는다. 상황에 따라 수익을 낼 수도 있고 그렇지 않을 수도 있다는 점을 명심해야 한다.

진실은
주관적이지 않다

얼마 전에 컨트리-락으로 분류할 수 있을 법한 어떤 노래를 우연히 들었다. 곡명은 〈천생연분Match Made In Heaven〉이었다. 주요 가사는 이렇다. "당신은 꿀처럼 달콤한 입술을 가졌고, 나는 돈이 많지요."

오글거린다고? 불편한 진실을 알려주겠다

나는 이 노래를 들으며 무엇이 세상을 돌아가게 만드는지, 세상이 어떻게 돌아가는지, 돼지 농장과 공장에서는 어떻게 소시지를 만드는지, 사람들이 무슨 생각과 믿음으로 행동하는지와 관련해 불편하고 그래서 받아들이고 싶지 않은 진실이 얼마나 많은지를 생각했다. 사람들이 흔히 '설명할 수 없다'고 말하는 것들 가운데 실제로는 아주 간단하고 명백한 설명이 가능한 것들이 많다. 사람들은 그저 그런 설명이 존재하지 않는다고 믿는 척할 뿐이다. 인간의 타고난 본성, 남녀의 차이, 디지털 중독 등이 그렇다. 90퍼센트의 사람들이

윤리란 절대적인 것이 아니라 상황에 따라 달라진다고 믿는 것도 마찬가지다.

1930년대 후반에서 1940년대에 걸쳐 나폴레옹 힐Napoleon Hill은 여러 편의 '성공의 법칙'에 관한 글을 썼다. 당대의 많은 독자, 특히 성공학과 관련한 출판 시장의 많은 이가 그 원칙을 인정하고 받아들였다. 그는 끈기, 조직된 노력, '황금률' 등과 같이 이미 많은 사람이 인정하는 원칙에 확대경을 들이댔다. 그러나 그가 '정확한 사고'를 강조했다는 사실은 외면당하는 경우가 많다. 나는 이 점을 고객과 내 회원들에게 알리기 위해 많이 생각하고, 이야기하고, 글도 쓴다. 다른 무엇보다도 자기 일을 사랑하는 사람에게 '일 중독'이라는 꼬리표가 붙는 것과 마찬가지로, 정확한 사고 역시 '냉소주의'로 치부되는 경우가 많다. 그래서 자기 일을 사랑하는 사람들은 좀처럼 그런 사실을 드러내지 않는다. 앞에 소개한 가사를 언급하지도 않는다.

뭔가를 팔 때, 특히 아주 돈이 많고 고객으로 가치가 높은 사람에게 뭔가를 팔 때, 우리는 그들에 대한 정확한 사고, 정확한 이해에 최선의 노력을 기울이지 않는다. 워런 버핏은 민간 항공기를 타고 싶지 않은데 그렇다고 터무니없을 만큼 비싼 전용기를 타고 돌아다니며 '있는 척'하는 게 죄스럽고

그 망할 멍청한 셈법을 당장 때려치워라

불편해서 넷제츠*NetJets*를 인수했다고 한다. 나는 그를 믿는다. 그의 불편함을 공유하지는 않지만, 이해는 한다. 부유한 소비자 중에는 정서적 불편함 때문에 남들 눈에 띄는 제품이나 서비스를 사거나 구매하지 않는 이가 많다. 이런 점을 염두에 두지 않고 무조건 '괜찮으니 사라'고 강요하는 것은 옳지 않다. 이것은 하나의 사례에 지나지 않는다. 상대방이 어떤 유형의 사람인지를 정확히 이해하기란 절대 쉬운 일이 아니다.

한 기업의 지도자가 정확한 사고를 유지하기란 지극히 어렵다. 끊임없이 자신의 안건과 가짜 뉴스를 '새로운 메트릭스'라며 가져오거나, 무지로 인해 정확한 사고를 하지 못하는 사람들이 주위에 수두룩하기 때문이다. 그럴수록 모든 난관을 이겨내고 정확한 사고를 고수하는 지도자의 역할은 정말 중요하다. 그러기 위해서는 냉소적이다, 부정적이다, 소심하다, 구닥다리다, 비이성적이다, 기타 등등의 온갖 편견을 이겨내야 한다. '정확성'이야말로 그런 특성에 가장 잘 어울리는 이름이다. 그것 하나면 충분하다. 나머지는 과잉일 뿐이다. 팩트가 창의성을 짓밟지 않도록 하는 것도 중요하다. 앞서 소개한 가사의 진실, 즉 인간은 수많은 장단점을 가지며, 하나의 이익을 다른 이익과 교환하는 거래의 동물이라는 진실은 진정한 애정, 심지어는 로맨스까지도 예외로 치부하지 않는다. 자신의 이익을 인정하고 추구하는 아인 랜드의 객관주의는 타인의 이익을 위한 행동을 금지하지 않는다. 후자가 전자를 달성하는 유일한 수단일 때도 많다. 주된 동기에 관한 한 적어도 자기 자신에게라도 정직해지는 것이 훨씬 효과적이다.

09

자기 돈의
평가절하를 중단하라

"돈은 종종 나에게 말을 건넨다. 그런데 그 어휘는 상당히 제한적인 듯하다. 그것이 가장 자주 하는 말은 '잘 있거라, 멍청이야'다."

– 로버트 브라우닝

광고나 마케팅과 관련해
재무 효율성이 가장 떨어지는
최악의 접근법은 '민주적 지출'이다.

ALMOST
ALCHEMY

이 문제는 좀 더 신중하게 설명해야 좋을 듯하다. 워낙 흔히, 또 끈질기게 되풀이되는 실수라, 당장 고치지 않으면 어깨를 움츠린 채 힘겹게 따라오는 얼간이들에게 둘러싸인 채 혼자 성큼성큼 걸어가는 고독한 독재자가 되기 마련이다.

많은 기업체가 마치 잔디밭 전체에 고르게 물을 뿌리는 스프링클러처럼 광고비와 마케팅 비용을 배분한다.

예산을 수립하고, 미디어 목록을 선정한다. 미디어별로 예산을 분배한다. 그러고는 어서 집행하라고 외친다. 돈의 굴욕이라 할 만하다. 아주 저조한 ROI를 내는 미디어와 광고가 남다른 ROI를 내는 미디어와 광고에 맞먹는 대접을 받는 비결이 바로 여기에 있다.

여기에는 어디든 명함을 내밀어보라는 동료와 경쟁자의 압박, 아무 데도 명함을 내밀지 못하는 자존심의 상처 등등 여러 가지 한심한 이유가 작용한다. 하지만 가장 큰 이유는 한마디로 말해서 ROI를 제대로 이해하지 못하는 무지에서 비롯된다.

광고비 대비 수익률Return On Ad Spend, ROAS를 배우고 이해하고 관리하기 위해 시간과 수고를 투자하지 않는 사람에게는 광고를 허용하지 말아야 한다. 친구라면 술 마시고 운전하는 친구를 말려야 하는 것과 같은 이치다.

이 점을 좀 더 강조하기 위해 내 친구이자 고객이며 'ROI 혁명'의 설립자이자 CEO인 티머시 시워드Timothy Seward에게 특별기고를 부탁했다. 그의 회사는 민주화된 지출에 익숙한 유력 기업들이 자기 손으로 하지 못하는 일, 즉 구글과 아마존 같은 플랫폼에 지출하는 수억 달러의 광고비를 관리하는 일을 한다. 아주 극적인 결과를 끌어낼 때도 많다.

170여 명의 분석가, 데이터 전문가, 미디어 바이어, 어카운트 매니저로 구성된 그의 팀은 마치 탐정과도 같은 지속적인 감시와 독점적인 기술을 바탕으로 7개 국가의 290여 개 브랜드, 소매업체, 전자상거래 업체가 이윤 증대와 비용 감소를 달성해 더 빨리, 더 크게 성장하도록 돕는다. 이제부터 여러분은 그들이 케네스 콜*Kenneth Cole*, 페리 엘리스*Perry Ellis*, 타임-라이프*Time-Life*, 플로우허스*Plow Hearth*, 해머커 슐레머*Hammacher Schlemmer* 같은 고객과 함께한 경험을 접하게 될 것이다.

클릭당 광고비를 지출하는 사람이라면 티머시의 글을 통해 많은 사실을 깨닫게 될 것이다. 그렇지 않은 사람들도 연금술이 어떻게 적용되는지를 목격하는 기회가 되기를 기대한다.

비즈니스의
'머니볼'

티머시 시워드

구글 사람들과 잠시 소통해보면 이 회사가 거의 모든 것에 대해 데이터가 주도하는 접근법을 활용한다는 사실을 금세 깨닫게 된다. 카페테리아에서 파는 음식부터 검색 페이지에 실을 광고의 유형과 배치에 이르기까지, 데이터가 거의 모든 결정을 주도한다.

구글이 2004년에 '구글플렉스'라는 별명이 붙은 캘리포니아 마운틴뷰 캠퍼스로 옮겨올 때만 해도 직원 수가 800명 정도였는데, 바로 그 이듬해에는 수천 명으로 늘어났다. 나는 2005년 7월에 구글 소속 제품 매니저의 초대를 받고 처음으로 그 캠퍼스에 발을 들여놓은 뒤, 엔지니어나 에이전시 세일즈 팀과 회의를 하느라 열두어 차례 구글 본사를 방문했다. 에릭 슈미트Eric Schmidt 전 회장을 잠깐 만나기도 했고, 공동 설립자인 세르게이 브린Sergey Brin과 래리 페이지Larry Page를 스쳐 지나가기도 했다.

최근(2018년 7월) 구글의 주가는 1200달러를 돌파했다.* 물론 이 회사를 이해하는 데 가장 중요한 사실은 그들의 수익 가운데 거의 90퍼센트가 온라인 광고에서 나온다는 점이다.

많은 기업이 구글에 그토록 많은 광고비를 지출하는 이유는 이 회사가 세계에서 가장 많은 방문자 수를 자랑하는 웹 사이트와 검색 엔진을 보유하고 있으며(알렉사에게 '톱 사이트' 순위를 물으면 2위는 유튜브, 3위는 페이스북이라고 답변한다), 최적의 시간에 최적의 잠재 고객에게 맞춤형 광고를 보여줄 수 있을 만큼 많은 사용자의 정보를 확보하고 있기 때문이다.

구글의 지배력을 견인하는 동력은 여러 가지가 있겠지만, 그 핵심은 철두철미하게 사용자에게 초점을 맞추고 모든 결정을 데이터에 의존하는 속성이 아닐까 싶다.

마이클 루이스Michael Lewis는 2003년에 프로야구팀 '오클랜드 애슬레틱스'와 빌리 빈Billy Beane 단장을 소재로 한 책 《머니볼Moneyball》을 출간했다. 브래드 피트가 나오는 같은 제목의 영화는 2011년에 개봉했다. 이 책과 영화는 뉴욕 양키즈 같은 훨씬 부유한 다른 야구단에 비해 열악한 재정 상태에 허덕이던 애슬레틱스가 철저하게 분석적이고 통계에 기반한 접근법을 활용해 뛰어난 경쟁력을 갖춘 팀으로 거듭나

* 2021년 9월 1일 기준 주당 2900달러를 넘어섰다.

는 과정에 초점을 맞춘다. 덕분에 애슬레틱스는 2002년과 2003년 플레이오프에 진출하는 성과를 거두었다.

당시에 성공 가도를 달리던 야후*Yahoo*와 비교하면, 초창기의 구글은 오클랜드 애슬레틱스와 마찬가지로 열악한 상황이었다. 개인적인 관찰과 다양한 자료를 종합해볼 때, 구글은 모든 의사 결정에 분석적이고 통계에 기반한 접근법을 활용한 끝에 야후를 앞지르는 경쟁 우위를 확보하게 되었다는 것이 내 결론이다.

당신의 회사는 어떤가?

이 글에서는 구글과 구글 쇼핑, 아마존의 사례를 통해 무분별한 광고비 지출이 어떤 손실을 초래하는지, 성장의 기회는 어떻게 찾아오는지를 살펴볼 것이다. 독자 여러분에게도 꽤 낯익은 주제로 느껴질 것이다. 나도 안다. 그러나 우리가 함께 일한 모든 기업의 임원들은 내가 하는 것과 똑같은 이야기를 들려줄 것이다.

끝까지 파고들어라. 직접적인 경쟁 상대와 같은 업계의 그 누구에게도 뒤지지 않을 만큼 좋은 정보를 확보하라.

만약 당신의 회사가 횡령을 당해 수십만 달러를 손해 봤다면, 당신은 다른 사람에게서 그런 이야기를 듣고 싶겠는가?

횡령을 막는 사람이 되고 싶겠는가, 아니면 그 사실을 발견한 다른 사람에게 비난의 대상이 되고 싶겠는가? (단언하건대, 이런 종류의 대화라면 누구나 주도권을 쥐는 쪽에 서고 싶을 것이다.)

이런 종류의 손실은 그런 작용을 한다. 광고비가 과다 지출되거나 엉뚱한 곳으로 새나가 최고의 ROAS를 기록할 기회를 날려 버렸을 때, 문제는 당장 손해 본 돈만으로 국한되지 않는다. '사라진 기회비용'을 생각하면 실질적인 손실은 그 몇 배에 달한다.

케빈 오리어리Kevin O'Leary는 〈샤크 탱크〉*라는 텔레비전 프로그램에 나와 자신이 투자한 돈을 전쟁터에서 약탈로 보물을 찾아오라고 내보낸 병사들에게 비유했다. 잘못된 목표 설정이나 지나치게 많은 지출은 ROAS를 떨어뜨리고 병력을 축낸다. 돈이 사라지면, 증식을 위해 재투자할 돈이 그만큼 줄어든다.

8:1의 ROAS가 가능한 상황에서 1달러가 손실로 사라지면, 실제로 우리의 고객은 8달러를 손해 보는 셈이다. 1만 달

---

* 2009년부터 ABC에서 시작된 비즈니스 오디션 프로그램. 사업자가 자신의 아이디어를 프레젠테이션하면 '상어'라 불리는 패널이 투자 여부를 결정하는 방식으로 진행된다. 케빈 오리어리는 캐나다 출신 사업가 겸 투자자로, 모든 시즌에 '상어'로 출연하고 있다.

러의 불필요한 손실은 실제로는 8만 달러에 해당한다. 10만 달러면 거의 100만 달러에 육박한다. 이 정도면 엄청난 손실이다.

얼마 전까지만 해도 구글을 성장의 동력으로 삼아 돈을 벌기가 비교적 수월했다. 좀 엉성해도 그럭저럭 버틸 수 있었다는 뜻이다.

사장이나 임원 중에는 어떻게든 잘될 거라는 믿음으로 마케팅 매니저가 디지털 광고비를 어떻게 지출하건 상관하지 않는 이들이 많다. 이런 태도가 마케팅 부서를 망가뜨린다. 지금은 누구도 이런 사치를 감당하지 못하는 세상이다. 망하는 지름길이다.

몇 가지 사례를 생각해보자.

지난가을, 우리는 가장 충성스러운 고객 가운데 한 회사의 성장률이 해마다 떨어진다는 사실을 발견했다. 이 회사는 저가 시장에서 직접 소비자를 상대한 소매업체인데, 주문당 광고비advertising cost per order, CPA의 상한선을 10달러로 엄격히 제한해두고 있었다. 이 상한선이 성장의 발목을 잡았는데, 그 이유는 구글에 더 비싼 가격을 제시하는 경쟁업체가 나타나면 그들보다 훨씬 높은 노출 점유율을 차지하기 때문이었다.

수익은 구글 애널리틱스Google Analytics에 보고되지만, 우리는 주문량의 변화를 확인하고 우리 고객의 재무 담당자에게 우리가 (구글 애널리틱스에서) 진짜 순이익을 추적할 수 있도록 새로 개발한 상품 판매 비용Cost of Goods Sold, COGS이라는 기술을 도입해줄 수 있느냐고 물었다.

단순한 총수익이 아니라 실질적인 순이익을 추적하면 우리는 가격이 높고 이윤이 큰 제품의 키워드에 더 높은 금액을 입찰하고, 가격이 낮고 이윤이 적은 제품의 키워드에는 더 낮은 금액을 입찰할 수 있다. 그 결과는 아주 놀라운 변화로 이어졌다. 4년 동안 성장이 거의 멈춰 있던 이 소매업체의 실적은 우리가 변화를 실행에 옮긴 달(8월)부터 크게 치솟기 시작했다. 11월이 되자, 월간 거래량과 수익은 역대 최고치를 찍었다.

전체 거래량 30퍼센트 증가

수익 29퍼센트 증가

CPA 10.34달러의 광고비 지출

당신이 더 알아야 할 것

수십 년 전 세계 3대 부자 가운데 한 사람이었던 아리스토텔레스 오나시스Aristotle Onassis는 자신의 성공 비결이 다른 사람들은 알지 못했던 것을 알았기 때문이라고 했다.

우리가 독점 기술인 GATEGoogle Analytics Tracking Enhancer를 가지고 자주 하는 일은 제2의 평행 우주 구글 애널리틱스를 만들어 전환 유입 경로를 다른 시각, 더 넓은 시야로 바라보는 일이다. 이렇게 하면 잠재 고객이 어떻게 당신의 회사를 처음으로 알게 되었는지 그 비밀에 대한 통찰이 생긴다.

표준적인 구글 애널리틱스 전환 추적은 마지막 터치 기여도 모델이다. 이것은 구매 직전에 이루어진 클릭을 보고한다. 사람들이 당신과 당신의 브랜드를 어떻게 처음으로 알게 되었는지를 보여주는 최초 터치를 정확하게 측정하는 방식과는 다르다.

예를 들어 처음에는 특정한 브랜드를 입력하지 않고 일반적인 키워드로 검색하던 사람이 이틀 후에는 당신의 브랜드 광고를 통해 당신의 사이트로 돌아온다. 처음부터 그들의 움직임을 제대로 이해하지 못하면 아주 값비싼 실수를 저지를 수 있다. 당신의 브랜드가 표시된 광고를 지나치게 신뢰하거나, 이익이 나지 않는 키워드에 광고비를 지출하거나, 아주 중요하고 필수적인 키워드에 광고비를 지출하지 않는 등이다.

구글 애널리틱스에서 이런 추가적이고 대안적인 분석 프

로필을 설정하면 이런 브랜드 없는 키워드 가운데 어떤 것이 판매를 유도하는지 가려낼 수 있다. 이것은 당신의 경쟁자들이 사용하는 것보다 훨씬 세련된 접근법이기 때문에 상당한 경쟁 우위를 차지할 수 있다. 막연한 추측이나 희망이 아니라, 어떤 브랜드 없는 키워드가 수익을 내고 고객을 창출하는지 알 수 있기 때문이다.

3년 연속 성장을 달성한 가정용품 소매점

2014년, 'ROI 혁명'의 고객이자 대표적인 가정용품 소매점이 온라인 매출을 통해 빠른 성장과 높은 수익률을 기록했다. 전통적인 미디어를 통해 브랜드 광고로 큰 성공을 거둔 그들은 그동안 활용하지 않았던 디지털 광고 채널을 통해 시장을 확장하고자 했다.

2015년의 온라인 행동 추세는 고객이 검색에 들이는 시간이 줄고 충동 구매가 늘어나는 방향으로 움직였다. 브랜드 없는 검색어로 전환하기 위해 웹사이트에서 저마찰low-friction 경험을 창출할 기회가 생긴 것이다. 그들은 이 점을 염두에 두고 'ROI 혁명'과 함께 비브랜드non-branded 캠페인을 최적화해 디지털 성장의 속도를 끌어올릴 방법을 찾기 시작했다.

당시 이 업체의 계정은 전체적인 유료 검색 프로그램에서 비 브랜드 검색 캠페인('구글 쇼핑'이 제공하는 분석을 포함한)을 측정하도록 설정되어 있지 않았다. 최초 터치의 기여도를 추적하는 자료가 없으니 신규 고객이 SEO, PPC, 인바운드 마케팅, 혹은 다른 어떤 채널을 통해 이 업체를 어떻게 알게 되었는지 판단하기가 어려웠다.

적절하고 정확한 추적 기능이 없는 상태에서 비브랜드 키워드에 대한 광고 지출은 온라인 매출과 수익 창출에 필수적인 요소로 간주되지 않았다. 구매자의 경험을 더욱 폭넓게 파악하고 신규 고객을 확보할 기회를 식별하기 위해서는 최초 키워드와 검색어로 데이터를 분석해야 했다.

우리는 GATE 기술을 이용해 구글 애널리틱스의 추적 코드를 필터링하기 위해 맞춤형 기여도 모델을 만들고 적용했다. 이렇게 하니 키워드에 대한 최초 터치 기여도로 데이터를 추적할 수 있고, 세일즈를 디폴트 최종 터치 기여도 모델과 함께 전환할 수 있었다.

가정용품 소매업체와 협업해 좀 더 전체적인 기여도 모델에 근거해 구매자의 페르소나와 고객의 의도에 초점을 맞춘 비브랜드 캠페인을 시작했다. 우리 애널리스트들은 이것을 고객이 구글에서 검색하는 것을 정확히 제공하는 랜딩 페이

그 망할 멍청한 셈법을 당장 때려치워라

지로 트래픽을 유도하는 타깃형 광고 문구와 연결했다. 이런 경험은 고객에게 높은 연관성을 제공해 전환율과 수익률이 두 배로 늘어났다.

비브랜드 캠페인에 관성이 붙자, 맞춤형 최초 터치 기여도 모델을 통해 이 가정용품 소매업체의 매출 가운데 35퍼센트가 브랜드 포함 키워드에서 훨씬 광범위한 최상위 퍼널 키워드로 옮겨갔음이 드러났다. 이 데이터는 예산을 더욱 늘려 비브랜드 전략에 계속 투자해도 좋다는 자신감으로 이어졌다. 예산이 늘고 경험이 쌓이니, 광고는 더 넓은 고객층에게 도달하면서도 연관성과 ROAS는 높은 수준으로 유지되었다.

2014년에 'ROI 혁명'이 관여하기 전에는 유료 검색을 통한 온라인 거래가 아주 낮은 수준에 정체되어 있었다. 2015년부터 그 수치가 치솟기 시작했다. 1월부터 11월까지 매달 거래량이 빠른 속도로 증가했다. 연말에는 전년도 대비 비브랜드 거래량이 20배나 증가했다.

아마존의 지배는 계속될 것이다. 당신은 어디에 있는가?

아마존은 실존할 뿐 아니라 계속 확장하는 위협이다. 동시에 엄청난 기회의 최전선이기도 하다. 어쩌면 아마존은 브랜드와 소매업, 전자상거래 업체가 누릴 수 있는 마지막이자 최고의 성장 기회일지도 모른다.

왜 그럴까? 전문가들은 앞으로 5년 동안 미국 전자상거래 업체의 성장 가운데 80퍼센트를 아마존이 이끌어가리라고 예측한다.

현재 미국의 전자상거래 시장은 전체 소비자 소매업의 12퍼센트를 차지하고 있지만, 이 비율은 5년에서 10년 사이에 두 배로 높아질 것이다.

이런 '골드러시' 혹은 '위기 상황'에 당신은 어디에 서 있는가?

노골적으로 얘기하겠다. 나는 아마존 마케팅을 우리만큼 철저하게 이해하는 '팀'은 어디에도 없다고 믿는다. 아무리 많은 보수를 주어도 그런 팀을 고용하지 못할 것이다.

믿기 어려운 일이지만, 미국의 모든 제품 검색의 49퍼센트가 구글과 빙Bing, 페이스북 등을 건너뛰고 바로 아마존에서 시작하는 현실에도 불구하고 온라인 및 소셜 미디어 검색을 취급하는 에이전시는 대부분 아마존 전담팀을 두고 있지조차 않다. 이것이 무엇을 의미할까?

애리조나의 킹맨이라는 마을은 한때 큰 번영을 누렸다. 피닉스와 라스베이거스 사이를 오가려면 이 마을을 지나가야

하기 때문이었다. 그러니 그 마을의 주요 길목에 식당이나 주유소, 편의점 같은 가게를 가진 사람은 돈을 벌 수밖에 없었다. 심지어 마을 한복판에 자리한 여인숙조차 떼돈을 벌었다. 모텔마다 하룻밤 묵어가는 사람들로 북적였다. 그러다가 이 마을을 우회하는 고속도로가 뚫렸다. 이제 사람들은 이런 마을이 있는 줄도 모르는 채 그냥 지나치기 시작했다.

물건을 사고 정보를 찾는 사람들이 아마존으로 몰리는 이유가 이것이다. 구글 등을 우회하는 고속도로가 뚫린 것이다.

아마존 공략에 최적화된 전문가의 전략을 갖추지 못한 업체는 머지않아 제품과 가격에 대한 통제력을 상실할 것이 분명하다.

아마존에서 가장 높은 자연검색 순위organic ranking[*]에 고정될 방법(이는 유료 광고 구매 액수와 무관하게 지속된다)을 정확히 알지 못하면 아마존의 검색 비중이 49퍼센트에서 54퍼센트, 63퍼센트, 71퍼센트까지 올라간다 해도 슬슬 주변부로 밀려나다가 결국 흔적도 없이 사라질 것이다.

만약 당신의 회사가 일간 변화와 카탈로그 리스팅 문제, 데이터 피드의 오류(아마존에 입점한 모든 브랜드와 업체에서 일상적

---

[*] 자연검색(organic search)이란 광고의 영향을 받지 않은 검색을 말한다.

으로 일어나는)를 관리하지 않으면, 당신의 주문 흐름은 아무런 예고도 없이 하루아침에 폭락할 것이다.

아마존과 아마존 마켓플레이스의 진화에 한발 앞서 '전략적 계획'을 수립하지 않으면 수익과 브랜드의 위상을 한 차원 끌어올릴 놀라운 기회를 놓칠 수밖에 없다. 골드러시 때도 땅과 광산의 한계 때문에 실적을 올리는 사람들 사이에도 서열이 생겼다.

이런 사실을 알기 위해서는 아마존 외부에 있는 독립적이고 객관적인 광고 감사팀이 필요하다.

사실 아마존에 입점한 브랜드, 소매업, 전자상거래 업체는 발등에 불이 떨어졌다. 한발 늦은 업체들은 벌써 뒤처지는 형국이다. 구조적 오류, 구체적인 내부자의 정보 부재, 나태함 등이 이미 한계를 드러내는 중이다. 우리는 260개가 넘는 고객사와 함께 밤낮을 가리지 않고 일한 결과, 발등에 떨어진 불을 끄고 위기를 예측해 이윤 극대화를 향해 나아가고 있다.

마케팅 플랫폼으로서의 아마존

아마존은 미국의 다른 어떤 온라인 플랫폼보다도 더 많은 제품 검색을 장악하고 있으니, 고객들이 당신의 제품이 포함된

카테고리에서 물건을 찾고 있을 때 벌떡 일어나 당신 이름을 큰소리로 외쳐야 한다. 고객들은 설령 다른 곳에서 제품을 구매한다 해도 핵심적인 마케팅 플랫폼에서 제품을 검색하고 후보를 좁혀간다.

신제품이 나오면 제일 먼저 아마존에 출시하고, 텔레비전과 라디오를 포함한 전국 규모의 광고에 거액의 예산을 편성하기 전에 그 가능성을 시험하는 것이 좋다.

구글 애드워드Google AdWords를 경험해본 사람이라면 광고비 지출 액수가 자연검색 순위에 별다른 영향을 미치지 않는다는 점을 알 것이다. 무엇을, 어떻게, 얼마나 큰 비용을 들여 광고하건 간에, SEO 순위를 밀어 올릴 파도 따위는 존재하지 않는다. 음모론을 앞세우는 사기꾼들이 다른 주장을 펼치기도 하지만, 연간 3억 달러의 광고비를 관리하고 수십 개 업체의 자연검색을 관리하는 우리의 경험에 비춰볼 때, 그 둘은 아무 관계도 없다는 점이 명백하다.

만약 당신의 팀이나 다른 에이전시가 이것들이 연결되어 있다는 동화 같은 이야기를 강조하며 더 많은 지출을 유도한다면, 조심해야 한다!

그러나 아마존에서는 이 동화가 사실로 둔갑한다.

아마존의 '스폰서 제품'에 투자하는 광고비는 자연검색 순위와 트래픽 흐름에 직접적인 영향을 미치며, 따라서 '바이 박스 전쟁*'에서 이길 확률도 여기에 좌우된다. 광고 지출이 많을수록 자연 검색에서 혜택을 보는 셈이다. 어쩌면 당신은 구글이 평등주의적 민주주의를, 아마존은 능력주의를 신봉한다고 생각할지도 모른다. 아마존의 '비즈니스 이론'은 아마존에 더 많은 광고비를 지출할수록 더 많은 고객과 더 많은 주문, 더 많은 리뷰를 확보하고 당신 업체와 제품의 권위와 신뢰도 높아진다는 말로 요약된다. 따라서 그들은 자기네 플랫폼에 입점한 최고의 업체에 가장 많은 트래픽을 몰아주고 최악의 업체는 고사시켜 스스로 물러나게 만든다. 동시에 그들은 당신에게 바이 박스를 안기고 경쟁자에게는 비수를 꽂는 역할도 마다하지 않는다.

아주 강력한 순환 고리를 생각해보자. 현명하게 아마존을 활용하고 판매 효율을 높이면, 더 많은 광고비를 감당할 여유가 생긴다. 이렇게 되면 일반 검색과는 차별화되는 더 많은 무료 광고의 기회(자연검색)가 생기고, 새로운 고객이 찾아올 확률이 높아진다. 이렇게 해서 경쟁업체가 그런 고객과 그로

---

* 아마존에서는 하나의 상품에 대해 여러 판매자가 있는 경우에도 상품의 상세 페이지에는 아마존이 선정한 판매자와 연결되는 하나의 '구매하기' 버튼만 노출된다. 이 자리를 차지하기 위한 판매자들의 경쟁을 '바이 박스(Buy-Box) 전쟁'이라 부른다.

인한 수익을 넘볼 여지를 없애버리면 새로운 고객이 당신을 찾아올 확률은 더욱 높아지고, 다시 경쟁업체는 그들과 그로 인한 수익을 넘볼 여지가 없어진다. 바이 박스를 한번 차지할 때마다 이런 순환 고리가 되풀이된다. 재미있지 않은가?

제품의 이미지와 특징을 보여주고 아마존 유료 광고 캠페인을 통해 자연검색 결과의 상위권을 유지하기 위해 키워드와 키워드에 최적화된 제품 페이지 사이의 연결 고리를 만들면 당신의 제품이 아마존에서 장기적으로 가치를 창출할 근거가 마련된다. 물론 아마존 전환이 최종적으로 개선되려면 제품의 완전성과 품질이 보장되어야 한다

아마존 광고의 수익성

폴크 오디오*Polk Audio*는 아마존 판매에서 수입과 이윤 증대를 도와줄 에이전시를 찾고 있었다. 아주 치열한 경쟁이 벌어지는 이 범주에서 비 브랜드 트래픽과 전환을 확보하기 위해 아마존 광고 계정에서 새로운 아이디어와 전략을 테스트하는 일에 관심을 기울인다고 했다.

폴크 오디오는 꾸준히 계정을 관리하고 최고의 전략을 실행할 시간이 부족하다고 판단했다. 그들은 아마존 광고가 이 비즈니스를 어디로 데려가는지 확신이 서지 않았고, 따라서

어디에 투자를 늘리고 어디는 줄여야 할지도 확실하지 않았다. 또 그들은 광고비를 최대한 효율적으로 집행해 판매당 광고비Advertising Cost of Sale, ACoS를 낮추고, (폴크 오디오의 키워드와 제품 페이지를 공격하는 광고를 통해) 그들의 브랜드 트래픽을 가로채려 하는 경쟁업체보다 더 강력한 브랜드 존재감을 유지하고 싶어 했다.

우리 회사의 아마존 광고팀은 폴크 오디오와 긴밀히 협력하며 특정한 제품 카테고리에서 어떤 제품을 밀고 어떤 제품을 빼는 게 좋을지 연구했다. 게다가 계정에 더욱 직접적으로 관심을 기울이니 보다 세밀한 입찰 관리가 가능해졌고, 나아가 비 브랜드 검색의 클릭수를 확보하고 브랜드 검색의 트래픽을 보호(폴크 오디오의 경쟁업체를 차단하는 방식으로 광고를 배치함으로써)하기 위해 가장 잘 팔리는 제품의 광고비 지출을 늘린다는 결정을 내릴 수 있었다.

다음에는 가격이 더 싼 제품을 주력 제품에 추가해 추가 구매를 유도하는 제품 디스플레이 광고를 시도했다. 예를 들어 50달러 이상의 추가 구매를 유도하거나 구매자의 선택을 보완해줄 소형 스피커를 노출하는 식이다.

몇 개월에 걸쳐 폴크 오디오의 계정에 투자를 늘려 수익과 이윤을 끌어올리자, 2017년 4분기의 전체 브랜드 주문량은

2016년 같은 기간에 비해 7배가 증가하고도 ACoS는 같은 수준(그것이 그들의 목표치였다)을 유지했다.

만약 당신이 아마존에서의 총수입이 최소 월 5만 달러를 넘는 유명 브랜드 소유자나 재판매업자라면, 우리 회사에 연락해 아마존 광고 감사와 리뷰를 받아보기 바란다.

티머시 시워드

창업자 겸 CEO. 소매업자, 브랜드, 전자상거래 업체를 대상으로 측정 가능하고 결과가 주도하는 디지털 광고를 관리하는 ROI 혁명을 2002년에 창업해 지금까지 이끌고 있다. 마케팅 및 소매 분야의 광범한 경험을 바탕으로 IRCE를 비롯한 여러 행사에서 강연했으며, 노스캐롤라이나 주립대학 경영학과에서 객원 강사로 강의하는가 하면,《인터넷 리테일러》같은 유명 간행물에 기고하고 있다. 플로리다 걸프 코스트 대학의 컴퓨터 사이언스 학과를 최우등으로 졸업했다.

10

엉뚱한 곳에서
답을 찾지 말아라

상추와 케일로 연금술을 할 텐가?

"문제를 발생시킨 사고로는 문제를 해결할 수 없다."

— 알베르트 아인슈타인

ALMOST
ALCHEMY

고객의 하소연

———

그들은 리드 생성을 위한 노력의 일환으로 거의 비용이 들지 않은 한 장짜리 편지를 임대한 메일링 리스트로 발송한 끝에, 무료 정보를 보내 주겠다는 제안에 대해 38퍼센트라는 놀라운 응답률을 얻었다. 그러나 이 리드가 1000달러짜리 세일즈로 전환되는 비율은 2.4퍼센트에 그쳤으며, 이는 모든 후속 비용을 고려하면 수익을 내기에 충분한 숫자가 아니었다. 이쯤에서 백기를 들어야 할까?

그럴 수는 없다.

그들은 내가 좀 더 나은 광고 문안을 작성해 전환 시퀀스를 개선해 주기를 원했다. 그들에게는 실망스러운 일이지만, 이것은 내가 절대 하고 싶지 않은 일이다. 그들의 바람이 이루어지려면 전환율이 두 배 가까이 상승해 적어도 4퍼센트는 되어야 했다. 게다가 모든 세일즈 관련 문서는 최고의 카피라이터 두 명이 쓴 것이었다. 내가 손을 봐서 조금 나아질 수는 있겠지만, 두 배는 무리였다.

이 사례는 엉뚱한 곳에서 답을 찾는 사람의 전형적인 모습을 보여준다.

정말로 연금술이라는 것이 가능하다면, 기본이 되는 금속과 화학물질, 그리고 마법이 필요하다. 아무리 연금술이라 해도 상추와 케일을 가지고 황금을 만들지는 못한다.

38퍼센트라는 응답률이 지나치게 높을 수도 있다. 문안을 좀 더 배타적으로 작성해 진지한 관심이 없거나 구매력이 부족한 사람들을 걸러냈으면 좋았을 것이다. 만약 그 38퍼센트에서 5, 10, 20퍼센트가 줄면, 후속 조치에 들어가는 비용도 그에 비례해서 줄어들 것이다. 혹은 전환의 속도를 앞당겨도 후속 비용은 감소한다. 그러나 최고의 답은 이런 것이 아니다. 문제는 훨씬 더 복잡하다.

그들의 캠페인은 성공을 거두었다. 유일한 문제점은 제품의 판매 가격이다. 38퍼센트의 응답률과 2.4퍼센트의 전환율을 그대로 두면 판매 가격은 1000달러가 아니라 1400달러가 되어야 한다. 혹은 구매자 한 명당 400달러를 더 내도록 하거나, 이를테면 일부 구매자에게서 800달러를 더 받아내야 한다. 우리가 힘을 쏟아야 할 곳이 바로 여기다. 가격 전략과 재무 공학을 적절히 활용하면, 우리는 그들의 성공적인 리드 생성 캠페인이 보상을 받도록 할 수 있다.

우리가 간절히 원하는 결과를 얻기 위해
하고 싶지 않아도 반드시 해야 할 일은
바로 '성숙'이다

———

나는 2시간을 투자해 한 명의 구매자에게서 최소 400달러를 더 받아내 이 성공적인 캠페인을 전속력으로 실행할 다섯 가지 방안을 구상했다. 그 가운데 세 가지는 가격 전략과 관련되고, 나머지 두 개는 구매를 거부한 사람에게만 제시되는 드롭다운 방식의 제안이었다. 여섯 번째 대안은 경쟁 관계가 아닌 마케터에게 전환되지 않은 리드를 팔아넘기는 것이었지만, 딱 떨어지는 한 가지 해답은 없다. 더 나은 세일즈 문안으로 그런 결과를 끌어낼 수는 없는 노릇이다. 간단한 해답 따위는 존재하지 않는다.

고객은 바보가 아니었다. 이 상황이 발생한 곳은 7000만 달러짜리 비즈니스였고, 그들은 아주 현명한 마케팅 기법과 혁신적이고 독점적인 제품을 무기로 맨땅에서 이런 비즈니스를 일으켰다. 하지만 현명한 고객이라고 멍청한 행동을 하지 말라는 법은 없다. 그는 실망감을 감추기 위해 최선을 다했지만, 나는 46년 동안 이 일을 하면서 말은 하지 않아도 나에게 실망한 사람의 눈빛을 1킬로미터 떨어진 소풍 바구니의 젤리 도넛 냄새를 맡는 요기 베어*처럼 귀신같이 알아차릴 수 있다. 그는 나에게 이 캠페인과 다른 주력 제품을 위한 새로

---

* 1958년 처음 방영된 동명의 미국 만화에 등장하는 주인공. 식욕이 많은 곰이라 먼 곳의 냄새를 잘 맡는다는 설정이다.

운 문안 작성을 맡기는 데 십만 달러 단위의 금액을 투자할 준비가 되어 있었다. 그러나 그는 이 캠페인을 중단하는 데 따르는 투자의 손실을 메우기 위해 내가 제시한 다섯 가지 방안을 수용하는 일에는 그와 비슷한 금액을 투자하고 싶어 하지 않았다. 나는 빈손으로 돌아선 그의 뒷모습을 씁쓸한 마음으로 지켜볼 수밖에 없었다.

기회를 잡지 못하고, 수익과 이윤이 손실로 둔갑하며, 비즈니스가 힘을 잃고 급기야 실패로 귀결되는 가장 근본적인 원인은 복잡한 문제를 단번에 해결해 줄 간단한 해답을 찾기 때문이다. 이것은 파멸에 이르는 가장 빠른 지름길이다. 그런 해결책을 찾고 싶은 심정은 충분히 이해할 만하다. 사람의 본성이 원래 그런지도 모른다. 인간이 배고픔을 해결할 간단한 방법, 즉 창을 들고 짐승을 사냥하는 단계에서 그보다 더 훨씬 더 복잡한 해결책, 즉 농사와 목축업, 냉장 기술, 나아가 그럽허브*Grubhub**를 탄생시키기까지는 실로 오랜 시간이 걸렸다.

간단한 해결책을 찾으려고 안달하며 나를 찾아오는 사람이 많다. 대개는 원하는 결과를 얻지 못한다. 중요한 성공은 얼핏 봐서 아주 간단해 보여도 실제로는 절대 그렇지 않다. 지속 가능한 부의 창출은 간단할 수가 없다. 이런 점을 염두에 두고 중요한 비즈니스 혹은 개인의 성공을 살펴보면, 우유에서 송어를 발견한 셜록 홈스**처럼 정

---

* 2004년 시카고에서 창업한 음식 배달 플랫폼.
** 19세기에는 젖소를 키우는 농부들이 커다란 양철통에 우유를 담아 팔았다. 우유에서 이상한 맛을 느낀 사람들이 양철통을 쏟아보니, 우유 속에서 송어가 나왔다. 이는 농부가 우유의 양을 늘리기 위해 물을 탄다는 의심의 정황 증거가 된다. 원래 《월든》으로 유명한 미국의 사상가 헨리 데이비드 소로우가 쓴 표현인데, 아서 코난 도일의 단편 〈독신 귀족〉에서 셜록 홈스가 인용했다.

신이 번쩍 들 것이다. 아마존의 사례만 봐도 충분하다. 고전을 면치 못하던 초창기의 아마존은 평범한 온라인 서점으로 끝날 수도 있었다. 그러나 지금의 아마존은 B2C와 B2B를 가리지 않고 더없이 복잡하고 다양한 수입원을 확보해 엄청난 가치와 힘을 지닌 기업으로 거듭났다. 심지어 한때는 그들의 주요 타깃이었던 오프라인 소매업조차 그들의 품으로 들어왔다.

한 가지 문제점으로 인해 난관에 처한 전략과 마케팅 캠페인, 제품 등을 성공으로 이끌고 싶으면 첫째, 너무 쉽게 포기하지 마라. 리드 생성을 위한 우편물이 38퍼센트의 응답률을 끌어낸다고 모든 문제가 해결되지는 않는다. 둘째, 문제를 해결할 간단한 비법을 찾아 헤매지 말라. 셋째, 수익성이 유일한 문제점이라면, 마케팅을 수정할 것이 아니라 셈법을 수정하라. 마케팅과 매출 등 모든 것이 완벽해도 셈법이 잘못되면 무용지물이다.

좋은 셈법, 나쁜 셈법
부유한 기업가, 가난한 기업가
—

이제 수학 수업을 시작해볼까 한다. 여러분은 미술 수업이나 휴식 시간을 더 좋아하겠지만, 어쩔 수 없다. 내가 '돈의 셈법'이라고 부르는 수업이다. 연금술 수업이라고 불러도 좋다.

우선, 비즈니스, 특히 다이렉트 마케팅에서 성공을 거둔 사람이라면 누구나 알고 있는 비밀을 한 가지 폭로하자면, 고객을 확보하기 위해 가장 많은 돈을 쓰는 사람이 이긴다. 가장 좋은 제품을 가진 사람, 가장 좋은 서비스를 제공하는 사람, 가장 순수한 마음을 가진 사람, 가장 광고를 잘하는 사람이 이기는 것이 아니다. 고객을 확보하기 위해 가장 많은 돈을 쓰는 사람이 이긴다. 다시 말해서 MAC/CA(Maximum Allowable Cost, 허용된 최대한의 비용/Customer Acquisition, 확보된 고객)야말로 당신의 비즈니스에 등장하는 모든 숫자 중에서 가장, 가장, 가장 중요하다는 뜻이다. 이 수치를 한 뼘 늘릴 때마다 당신은 경쟁자를 멀찌감치 따돌릴 수 있다.

또 하나의 알려지지 않은 비밀은 최고의 MAC/CA를 달성하기가 아주 복잡하다는 점이다. 확보한 고객을 둘러싼 수익화 방법과 기회가 거미집처럼 얽힌 시스템을 만들어야 한다. 수평적, 수직적 수익화도 연구해야 한다. 내적, 외적 수단을 통한 수익화 역시 무시할 수 없다.

이 책의 끝에 내가 만든 '돈 찾기 지도'의 축약판을 소개했다. 이것은 앞에 언급한 비밀을 실행에 옮길 돈을 찾아내기 위해 고객사의 광고 및 마케팅 관련 재무 상황을 구석구석 탐사할 때 사용하는 지도다. 나는 이 지도를 한 번도 출판한 적이 없으며, 개별 고객과 아주 고가의 세미나 참석자에게만 제공했다. 아마 여러분은 금방 이해하지는 못할 것이다. 약간의 인내심과 끈기가 필요하다. 익숙하지 않은 용어도 있을 것이고, 심지어 다이렉트 마케팅이 무엇인지 모르는 사람도 있을지 모른다. 나의 진지한 추종자들만이 아는 영업 비밀도 몇

그 망할 멍청한 셈법을 당장 때려치워라

가지 나온다.

지도에는 45가지 질문과 2쪽짜리 도표가 실려 있다. 간단한 용어 설명도 덧붙였다. 그냥 한 번 읽고 지나갈 것이 아니라 일종의 '워크숍'처럼 활용하기를 기대하는 의도다.

간단히 말해서 이 모든 전략과 전술, 고객의 최대 수익화 이면에 숨은 원칙은 이것이다. '무엇이든 결과가 마음에 들지 않으면 만성적으로, 지속적으로 불만을 가져야 한다.'

'다음'

고객 수익화에서 가장 중요한 단어를 하나만 꼽으라면, 그것은 **'다음 Next'**이다.

이 단어를 가장 중요한 단어로 삼고 기회가 생길 때마다 끈질기게 이 질문을 던져보면, 기존의 고객층과 자금 흐름 속에서 진짜 연금술을 적용할 수 있게 된다. '자, 여기까지 왔으니 다음은 뭐지?'

당신이 고객을 올려둔 도로에 절대 '끝'이 있으면 안 된다. 언제나 다음, 다음이 있어야 한다. 뒷문이 나오면 앞문으로, 나들목이 나오면 다음 나들목으로 옮겨 가야 한다. 확장, 상승, 성장, 그 모두에 '다음'이 적용되어야 한다.

당신의 비즈니스를 막다른 길이 가로막고 있지 않은지 눈을 크게 뜨고 살펴야 한다.

부록

댄 S. 케네디의
돈 찾기 지도

"아침에 눈을 떠서 밤에 잠자리에 들 때까지,
모든 생각의 한복판에 '어떻게 하면 더 많은 돈을
벌 수 있을까?'라는 질문이 있으면,
당신은 아마 얼마나 더 많은 돈을 벌게 될지를
깨닫고 깜짝 놀랄 것이다."

— 진 시몬스

'돈 찾기 지도'를 위한 질문

내부

—

가격

1. **가치보다 낮은 가격**이 책정된 곳은 어디인가? 이는 다른 요소에 영향을 미치는가?

2. 간단하고 광범위한 가격 인상이 보장되고 실행 가능한가?

3. 계단식 가격 책정의 기회가 존재하는가?

4. **구획화:** 같은 제품에 대해 구매층마다 다른 가격을 제시할 수 있는가?

5. 행사 가격: 더 파격적인 할인을 할 것인가?

6. (애초에) 가격이 어떻게 결정되는가?(공식, 업계 규범, 경쟁, 어림짐작, 두려움을 따르고 있지는 않은가?)

판매

7. **누가** 판매하는가? **누구에게** 판매하는가? (어울리는가?)

8. **어디서** 판매가 이루어지는가? (판매를 위해 설계된 공간인가? 아니면 다른 용도로 사용되는 빌린 공간인가?)

9. **연출:** 무엇이, 어떤 순서로 이루어지는가?

10. **연출:** 모두를 위한 대본과 행동이 준비되어 있는가?

11. **언제** 판매가 이루어지는가? (조직적인가? 무작위인가?)

12. **잠재 고객이 투자한 시간**은 얼마인가?

13. **제품 시연**을 할 것인가?

14. **해고와 고용:** 무능한 사람, 또는 '죽은' 사람이 판매하고 있는가? 그런 사람을 고용하지 말고, 삼진 아웃 제도를 도입하라.

15. **잠재 고객 준비 사항:** 어떤 과정을 통해 판매가 이루어지는가? 판매 직전에 어떤 일이 선행하는가?

손실 예방

16. 회사가 오직 구매자만 관리하고 수익화하는가, 혹은 리드에 대해서도 그렇게 하는가?

17. 상담 후 매출이 일어나지 않는가? 이는 잠재 고객이 지정된 장소, 지정된 시간에 구매 상담을 한 뒤 실제로는 구매하지 않고 가버리는 경우를 말한다. 거의 모든 경우 나는 다운셀(가격을 깎아주거나 더 간단한, 혹은 다른 제안을 내놓는)을 포함해 복잡하고, 끈질기고, 여러 단계에 걸친 멀티미디어 팔로업을 처방한다.

18. '불만 경고등'은 제대로 작동하는가? 당신은 고객을 잃었다는 사실을 언제 알고 싶은가? 잃기 전에 알아야 한다. 그렇다면 당신은 어떤 '알람'을 가지고 있는가? 매일 자세히 관찰하는가? 고객 손실을 막고 손실을 신속히 만회하기 위해 방아쇠를 당길 시스템을 가지고 있는가?

19. 절도 및 횡령에 대한 통제가 이루어지고 있는가?

20. 재무에서 '표준'을 따르는가?

21. 사전에 징후를 포착하는가? 아니면 사후 보고를 받는가?

22. 사이버 보안에 신경 쓰고 있는가?

외부

—

성장

23. (명백히) 더 높은 가치를 지닌 고객을 위한 제품/서비스는 무엇이 있는가? 이들을 위한 계획이 있는가?

24. 잘못 사용되거나 레버리지가 불안한 자산이 있는가? (예: 최고의 세일즈피플이 다른 일을 하고 있지는 않은가? 제품이 유명해진 과거의 사연을 마케팅에 활용하지 않아서 숨은 고객을 잃지는 않았는가? 중요한 이야기를 전달했는가?)

25. 사용되지 않은 시연이 있는가? 혹은 시연이 충분히 극적이지 않은가?

26. 명단 구획과 메시지의 조화는 잘 되고 있는가?

27. 고객 가치의 차이를 추적하고 활용하는가?

28. 현재 겪고 있는 (만성적인) 성장의 장애물 세 가지는 무엇인가? 누가 그 장애물을 제거할 것인가?

29. 가장 높은 고객 확보 비용을 허용할 계획은 무엇인가?

30. 직선 고찰: '자연스러운 다음 단계'는 무엇인가? (각 제품과 서비스의 확장)

31. 직선 고찰: 어떤 새로운 필요/문제가 비즈니스의 제품 혹은 솔루션에 성공을 가져왔는가?

32. 피라미드 고찰: 이미 성공을 거둔 제품이나 서비스의 차원을 한 단계 더 높이려면 어떻게 해야 하는가? 각각 고객의 20퍼센트와 5퍼센트를 목표로 고민하라. 로스엔젤레스 국제공항의 이코노미 석과 일등석, 라운지 이용권과 새로운 '슈퍼 엘리트' 터미널 회원권(연회비 7500달러에 사용료 2800달러)을 참고하라.

33. 피라미드 고찰: 같은 고객을 대상으로 하나의 피라미드에서 두 번째 피라미드로 넘어가는 수평적 움직임이 가능한가? (예: KIC/IMA. 컨트리 클럽에서 여행 클럽으로 이동)

34. 스파이더-웹 고찰: 당신이 하는 일에 무엇이 첨부되는가? 나는 그래픽 작업이, 메일링 리스트가, 동영상 작업이 첨부될 문안을 작성한다.

35. 스파이더-웹 고찰: 단일 '비즈니스 건'에 연결될 자금원은 얼마나 되는가? 각각의 건에는 또 얼마인가?

확장성과 다양성, 비즈니스 외부 자금

36. 간과한 유통 채널이 있는가?

37. 아직 개척되지 않은 용도 변경/장소 변경의 기회가 있는가? (E. 조지프 코스만의 #1 전략.)

38. 외부의 자금을 끌어들여 뭔가를 할 가능성이 있는가/한다면 무엇을 해야 하는가?

39. 시너지 기회는 어디에 있는가?

40. OPC* 기회는 무엇인가?

41. 보조금을 받을 수 있는가? (다른 누군가가 당신의 고객 확보 비용 전부, 혹은 일부를 감당할 때. 예: 행사 혹은 순회 공연의 후원자. 분기별로 아직 전환되지 않은 리드에게 발송하는 홍보 잡지의 광고주. 합작 투자와 리드 공유. 명단이나 데이터의 판매. 비밀: 빠르게 성장하는 거의 모든 대기업과 소기업은 성장 보조금을 받는다.)

42. 수평적 마케팅 = 그들의 돈을 좇는다. (그들은 또 무엇을 사는가?)

43. 수직적 마케팅 = 당신의 돈을 좇는다. (당신은 도매점에서 사거나 공짜로 얻을 수도 있는 어떤 제품을 소매점에서 사는가?)

44. 회사가 '그것'을 만들어야 하는가, 아니면 사야 하는가? 소유해야 하는가, 임대해야 하는가?

45. 다양성: 주방용품을 판매하는 타파웨어*Tupperware*는 왜 화장품/피부 관리 제품을 생산하는 기업을 인수했는가?

---

* OPC: 다른 사람의 고객(Other People's Customers), OPM: 다른 사람의 돈(Other People's Money), OPR: 다른 사람의 자원(Other People's Resources)

내부

같은 고객,
두 배(+)의 수익

직선

피라미드

스파이더 웹

1. 가격 전략

→

↕

2. 판매 전략

- 판매 이전
- 판매 당시
- 판매 이후

3. 손실 예방 전략

리드	고객	운영
	예시 경고등	

그 망할 멍청한 셈법을 당장 때려치워라

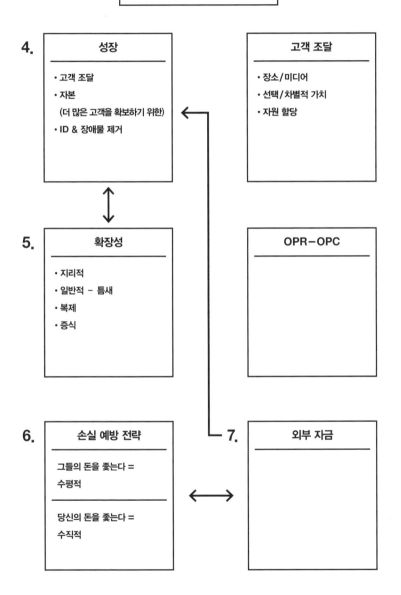

외부

4.

성장
- 고객 조달
- 자본
  (더 많은 고객을 확보하기 위한)
- ID & 장애물 제거

고객 조달
- 장소/미디어
- 선택/차별적 가치
- 자원 할당

5.

확장성
- 지리적
- 일반적 - 틈새
- 복제
- 증식

OPR-OPC

6.

손실 예방 전략

그들의 돈을 좇는다 =
수평적

당신의 돈을 좇는다 =
수직적

7.

외부 자금

다음 항목당 세 가지 방법을 찾아라

평균 거래량을 늘릴 방법
초기 거래량을 늘릴 방법
피라미드 꼭대기의 거래량을 늘릴 방법

고객당 거래 빈도를 늘릴 방법
상위 20퍼센트 고객의 거래 빈도를 늘릴 방법

거래의 일관성을 늘릴 방법

'오픈 도어'의 횟수를 늘릴 방법 (고객의 출처)

고객에 대한 평가 가치를 늘릴 방법
고객과의 관계를 개선할 방법

…분기마다 반복할 것

– 제이 에이브러햄, 얼 나이팅게일

역동적 재무 효율성과
전략

1. **광고, 마케팅, 성장을 위해 투자하는 돈은 계좌를 빠져나오기도 전에 그 가치를 잃을 수도 있고, 투자하기도 전부터 그 가치가 배가되기도 한다.**

2. **셈법을 바꾸면 비즈니스와 인생이 바뀐다.** 셈법을 개선하면 다른 모든 것이 덩달아 좋아진다. 셈법을 바꿀 기회를 최대한 많이 찾아내야 한다. 다음 달, 그다음 달, 또 그다음 달에도 이런 노력을 게을리하면 안 된다.

3. **돈은 움직인다.** 돈은 본연의 가치 체계에 따라, 자신의 이해관계에 따라, 자신의 논리에 따라 움직인다. 저항해도 소용없다. 모든 비즈니스 지도자는 돈의 움직임을 파악하고, 그에 따라 자신의 비즈니스를 정렬해야 한다.

4. **돈에게 물어보라. 너는 이것을 어떻게 생각해?** 돈의 대답에 진지하게 귀를 기울여라.

5. 거의 모든 비즈니스에서 여러 종류의 '절도'가 일상적으로 발생한다. 순이익에서 돈이 빠져나가면 다른 부문에서

그 몇 배를 채워 넣어야 한다. **손실 예방은 곧 돈을 버는 지름길이다.**

당신의 비즈니스에 유익한 결정을 내려라

6. 적절하고 실행 가능한 정보만이 잠재적 가치를 지닌다. **응용된 지식만이 힘이다.** 무엇을 알아야 할지, 무엇은 굳이 알려고 노력할 필요가 없는지를 가려내는 것이 중요하다. 무턱대고 덤벼들기에는 너무 많은 정보, 너무 많은 아이디어, 너무 많은 의견이 존재한다. 정보의 유입을 관리하고, 정보의 검색과 습득을 관리하며, 어떤 출처에 관심을 두거나 두지 않을지를 관리하는 프로세스가 있어야 한다.

7. **의사 결정은 막연한 견해가 아니라 실질적인 검증을 통해 이루어져야 한다.** 어느 쪽이 최선인지를 최대한 따져보라.

8. **세일즈 문화와 마케팅 문화 중 어느 쪽을 선택할지 신중하게 검토해야 한다.**

고객 가치의 증식

9. 절대 실패하지 않는 팔로업 시스템이 정착하지 않는 한 **리더십과 소유권의 책임을 피할 수 없다.**

10. **고객 가치는 창의적으로 관리되어야 한다.** 지출의 사다리를 제시하면, 이를 오르도록 훈련받은 사람들이 그 사다리를 올라간다. 상승 피라미드를 제시하면 고객은 더 높은 단계로 올라가고자 하며, 가격과 이윤의 탄력성이 생긴다.

11. **고객이 자신의 지위를 유지하기 위해 더 많고, 더 잦은 지출을 요구하는 목표 달성에 집착하게 되면, 그 고객의 총가치가 크게 개선된다.**

12. **다른 누구보다도 먼저 잠재 고객과 일대일로 대면할 기회를 마련하라.** 가서는 안 될 곳이라고 생각하는 곳에 가 있으면 이런 일이 생길 때가 많다.

뛰어난 가격 전략 = 더 많은 이윤

13. **더 많이 팔 욕심에 가격을 낮추는 것은 가장 많이 일어나는 '역 연금술'이다.**

14. **가격을 정할 때는 비용을 따지지 말아야 한다.** 비용 더하기 얼마, 혹은 비용 곱하기 얼마 하는 식의 통상적이고 관례적인 공식에 얽매일 필요가 없다. 고객에 대한 가치, 구매의 욕망에 집중해 그들이 어느 정도의 대가를 치를 의지와 능력이 있는지를 따져봐야 한다.

낭비를 없애고 레버리지를 강화하라

15. **미디어 전략은 장소 전략이다.** 엉뚱한 곳으로 눈을 돌리지 마라. 이윤이 남는 곳에 집중하라. 너무 뻔한 소리로 들릴 수 있겠지만, 비즈니스의 미디어 투자에서 이 간단한 원칙이 적용되는 경우는 거의 없다.

16. **세일즈라는 하나의 점수판에 모든 역량을 집중하라.** 전설적인 광고인 데이비드 오길비는 세일즈에 도움이 되는 것이 좋은 광고라고 정의했다. 그렇지 않은 것은 나쁜 광고라는 뜻이다. 다른 모든 활동과 투자에 이 기준을 적용할 수 있다.

17. **민주적인 지출은 헛소리다. 더 현명해져야 한다.**

그 망할 멍청한 셈법을 당장 때려치워라

지은이 댄 S. 케네디에 대하여

저술가

- 1981년부터 꾸준히 저술 활동
- 인기 있는 비즈니스 서적 시리즈 기획: NO B.S. 시리즈
- 판매량 100만 부 돌파
- INC의 100대 도서, 비즈니스 위크 베스트셀러, USA 투데이 베스트셀러, 아마존 베스트셀러 목록 9회(1위 포함)
- '마그네틱 마케팅 시스템' 창안 –《모든 비즈니스를 위한 다이렉트 마케팅》의 베스트셀러 1위 강좌
- 25년 전통을 자랑하는 유료 소식지 창간

컨설턴트

- 전략 자문료로 최소 하루 1만 9000달러, 시간당 3000달러 달성
- 고객 재방문율 85퍼센트 이상
- 10년에서 30년에 이르는 장기 고객 다수 확보
- 신생/영세 비즈니스로 출발해 2000만 달러, 1억 달러, 심지어 10억 달러 규모로 성장한 고객 다수

광고 카피라이터/마케팅 미디어 개발자

- 세계 최고 몸값의 카피라이터 가운데 한 명
- 수수료와 로열티는 보통 10만~100만 달러 단위
- 멀티 스텝, 멀티미디어 시스템 전문
- 최장수 리드 생성 텔레비전 인포머셜 기록 보유, 최고의 텔레비전 인포머셜 프랜차이즈 프로젝트 참여, 최장수 온라인 VSL(video sales letter) 기록. 100개 이상의 다이렉트 응답 광고 및 광고당 수익 100만 달러 달성
- 150개 간행물에 전면 광고 게재
- 미국 작가 및 예술가 협회 선정 올해의 카피라이터(2011년)
- 고객 재방문율 85퍼센트 이상
- 10년에서 30년에 이르는 장기 고객 다수 보유

강연자

- #1 세미나 투어 '에버' 9년 참가: 연간 25~30개 도시 순회, 청중 수 1만 명에서 3만 5000명
- 통산 3000회 이상 유료 강연
- 자사 이벤트에 이방카 트럼프, 케이시 아일랜드, 조앤 리버스, 조지 포먼, 진 시몬스(KISS) 등 유명 인사 대거 출연

기업가 및 투자자

- 출판/멤버십 기업 'NO B.S. 이너 서클' 창업
- 중소 비즈니스 대상 다이렉트 마케팅 소프트웨어 전문 '인퓨전소프트' 창업 투자

저서 – NO B.S. 시리즈

- 《가격 전략Price Strategy》
- 《직접 반응을 통한 브랜드 구축Brand-Building by Direct-Response》
- 《베이비부머 및 노년층을 위한 마케팅 가이드Guide to Marketing to Boomers and Seniors》
- 《신뢰 기반 마케팅Trust-Based Marketing》
- 《비 다이렉트 마케팅 비즈니스를 위한 다이렉트 마케팅Direct Marketing to NON-Direct Marketing Businesses》
- 《인력 및 이윤 관리 가이드 제2판Guide to Ruthless Management of People and Profits, 2nd Edition》
- 《지역 비즈니스를 위한 민초 마케팅Grassroots Marketing for Local Businesses》
- 《신경제의 성공 비즈니스Business Success In The New Economy》
- 《신경제의 성공 세일즈Sales Success In The New Economy》
- 《신경제의 부 창출Wealth Attraction In The New Economy》
- 《기업가를 위한 시간 관리Time Management for Entrepreneurs》
- 《화상 세미나, 온라인 미디어, 강연, 세미나를 통해 무엇이든 판매하는 완벽 계획POWERFUL PRESENTATIONS, The Ultimate No-Holds Barred Plan To SELLING ANYTHING with Webinars, Online Media, Speeches and Seminars》

기타 저서

- 《판매를 부르는 강연SPEAK TO SELL》, Advantage

- 《궁극의 마케팅 플랜 제4판 – 20주년 기념판Ultimate Marketing Plan, 4th Edition – 20th Anniversary Edition》, Adams Media

- 《궁극의 세일즈 레터 제4판 – 20주년 기념판Ultimate Sales Letter, 4th Edition – 20th Anniversary Edition》, Adams Media

- 《신뢰의 마케팅: 브링클리 박사 스타일 마케팅의 잃어버린 21가지 비밀Making Them Believe: 21 Lost Secrets of Dr. Brinkley-Style Marketing》, GKIC/MJ

- 《그들을 웃게 하고 그들의 돈을 뺏어라Make 'Em Laugh & Take Their Money》, GKIC/MJ

- 《끝나지 않은 비즈니스/자전적 에세이Unfinished Business/Autobiographical Essays》, Advantage

- 《맥스웰 말츠 박사의 새로운 사이코 사이버네틱스The New Psycho-Cybernetics with Dr. Maxwell Maltz》, Prentice-Hall